KB071495

교수를 위한
대학생 상담의 실제
Practice of College Student Counseling for Professors

| 구본용 · 박제일 · 김세경 · 안세지 · 최정아 · 천성문 공저 |

학지사

머리말

최근 들어 학생들의 학업 중도 탈락 방지, 학업이수 및 진로상담 강화를 위하여 지도교수제도가 활성화됨에 따라 학생상담이 의무화되고 있는 대학이 늘어나고 있는 추세이다. 학생상담의 중요성이 강조되고 교수의 역할이 부각되고는 있지만, 교수는 막상 학생을 상담할 때 무엇을 어떻게 해야 할지 막막한 경우가 많다. 교수는 상담을 통해 학생이 대학생활에 잘 적응하여 훌륭한 사회인으로 성장하기를 바라는 마음을 가지고 있지만, 학생에게 그 마음이 잘 전달되지 않는 경우도 종종 있다. 애써 상담을 해도 학생들에게서 '교수님은 매번 똑같은 말씀만 하셔.' '누가 설교 듣고 싶다고 했나?' '이럴 거면 왜 상담을 의무적으로 하는지 모르겠어.'라는 반응이 돌아오기가 십상이다. 학생들의 심리와 생활방식, 진로 등의 문제가 날로 복잡해지고 있으므로, 교수가 학생을 돕고자 하는 마음을 잘 전달하기 위해서는 상담에 대한 기본적인 지식과 방법을 숙지할 필요가 있다.

이 책에서는 교수가 학생의 마음을 정확히 이해하고 돕고자 하는 마음을 효과적으로 전달하기 위한 방법들을 소개하였다. 이 책은 이해의 장, 만남의 장, 소통의 장, 해결의 장으로 이루어져 있다. 1장 이해의 장에서는 상담을 시작하기에 앞서 학생상담의 필요성에 대해서 살펴보았다. 신입생, 복학생, 편입생, 졸업준비생 등 각각의 특성과 그들이 겪고 있는 문제를 살펴보고, 그들과 만나기 위해 교수의 기본 자세는 어떠해야 하는지 알아보았다. 그리고 교수와 학생이 함께 성장하기 위해 설정해야 할 상담의 기본적인 목표도 살펴보았다. 2장은 실제 상담이 이루어지는 만남의 장으로, 여기서는 학생상담을 어떻게 하는지에 대한 현실적인 방법에 대하여 살펴보았다. 면대면으로 이루어지는 개인상담이 진행되는 단계 및 기법과 함께 사이버상담과 그룹형 상담에 대한 방법도 제시하였다. 실제 학생과 상담을 할 때 활용할 수 있는 다양한 팁과 그룹형 상담에서 활용할 수 있는 활동지를 부록에 제시하였다. 3장은 소통의 장으로, 여기서는 학생들이 무엇을 고민하는지에 대하여 구체적 사례를 통하여 살펴보았다. 특히 이 장에서는 문제 영역별·학생 유형별 상담방법에 대한 풍부한 사례를 제시하였고, 최근 늘어나고 있는 정신병리에 대한 증상과 개입 방법에 대해서도 소개하였다. 마지막으로 4장 해결의 장에서는 위기상담 개입 절차를 살펴보고, 개입 절차에 따라 자살이나 성희롱 등의 위기상담에서 교수가 어떻게 대처해야 하는지 구체적으로 살펴보았다. 아울러 위기상황에서 교수와 학생 모두가 도움을 받을 수 있는 전문기관 목록도 제시하였다.

대학생들이 주로 호소하고 있는 학업 및 진로, 대인관계, 우울·불안과 같은 개인 심리적 문제가 발생한 상황에서 교수가 실질적으로 학생과 소통하고 학생을 도울 수 있도록 이 책에 다양한 사례와 기법을 제공하고자 노력하였다. 학점관리에 관한 고민이 있는 학생에게는 학업 상황에서 경험하는 어려움을 정확히 이해하고 원인(선행학습의 부족, 학습방법의 문제, 암기 및 수업 집중의 어려움 등)을 파악한 후 문제해결 방법을 조언할 수 있도록 하였고, 대인관계로 고민하는 학생의 경우에는 대인관계 양상(사회기술의 부족, 대인관계에 대한 부담감, 공감능력의 부족 등)을 먼저 평가한 후 적절한 방식을 함께 나눌 수 있도록 하였다. 우울, 불안, 분노, 알코올 및 게임 중독 등 학생의 전반적 심리 상태는 대학생활 부적응에 상당한 영향을 끼치게 되므로, 교수는 그런 학생에게 관심을 가지고 먼저 상담을 권할 수 있도록 하였고, 그럼에도 심리적인 문제가 심각할 경우에는 교수가 직접 학생을 만나 상담하기보다는 학생을 효율적으로 상담할 수 있는 전문기관으로 연계할 수 있도록 안내하였다. 이처럼 교수가 학생을 도울 수 있는 현실적인 수준에서 상담을 진행할 수 있는 방안을 제시하고자 하였다.

저자들은 교수들이 상담에 대한 기초지식이 없더라도 책의 내용을 쉽게 이해할 수 있도록 기술하기 위해 노력하였고, 교수가 인생의 조력자로서 학생들에게 가까이 다가가는 데 도움이 되고자 하였다. 특히 이 책은 전국대학교학생생활상담센터 협의회에서 『교수를 위한 대학생 상담가이드북』을 배포한 후 많은 교수의 요청에 따라 보완·증보하여 출판하는 것이다. 이 책이 발간될 수 있도록 많은 도움을 주신 학지사 김진환 사장님과 직원들에게 감사의 마음을 전한다. 이 책이 지도교수로서 학생들의 행복한 대학생활을 위해 고민하고, 학생과의 소통과 상담에 어려움을 느끼는 교수들에게 조금이나마 도움이 되기를 바란다.

2017년
저자 일동

차례

Chapter 01

대학생 상담은
왜 필요한가
-이해의 장(場)-

대학생 시기는 청소년 후기 단계로서 생물학적 성숙이 끝나고 사회적 성숙을 경험하는, 진정한 성인 세계로 진입하는 시기이다. 이 시기에 부모로부터 독립하고, 자신의 가치관을 확립하며, 자아정체감을 획득하게 된다. 특히 부모의 통제에서 벗어나 스스로 어떤 교육을 받고 직업을 가질 것인지를 결정하는 등 다양한 상황에서 선택의 기로에 놓이게 된다.

그러나 우리나라 대학생의 대부분은 삶의 과정에서 겪게 되는 크고 작은 어려움을 스스로 극복해 가는 데 필요한 능력과 방법을 습득하지 못한 채로 대학에 들어오게 된다. 이런 상태로 대학에 입학한 신입생들은 고등학교 시기와는 달리 자신의 선택과 결정에 책임을 져야 하는 상황에서 여러 난관에 부딪히게 되는 것이다. 새로운 환경에 성공적으로 적응하는 경우도 있지만, 다양한 정서적 불안으로 인하여 부적응을 경험하기도 한다. 비단 이러한 문제는 신입생들에게만 국한되는 것이 아니며, 학년이 올라갈수록 학업문제, 진로 및 취업 문제, 대인관계문제, 개인적인 문제 등 여러 상황으로 인해 혼란과 갈등이 가중된다.

많은 수의 대학생들이 학업영역, 대인관계영역, 개인영역 등 다양한 영역에서 어려움을 호소하고 있으며, 이러한 문제들에 대해 도움을 받을 수 있는 누군가를 찾고 있다. 그렇다면 대학에서 겪게 되는 여러 문제에 대하여 이들을 이해하고 도울 수 있는 사람은 누구일까? 대학에서의 경험이 많거나 사회적으로 연륜이 깊고 그들을 잘 이해할 수 있는 사람들은 교수, 직원, 대학 선배 등이다. 이 중에서 교수는 가장 밀접한 거리에서 오랫동안 학생들을 관찰하고 지도하기 때문에, 학생들을 도와줄 수 있는 적임자라 할 수 있다.

학생들에게 교수는 수업 이외에 연구 활동 및 학사 관련 업무에 있어서 도움을 줄 수 있는 대상이기도 하며, 자신의 고민을 상담하고 조언을 구하고 싶은 대상이기도 하다. 대학에서 교수의 역할 또한 수업시간에 학생에게 전문적인 지식을 전달하는 기본적인 의무 외에, 학생이 스스로 환경에 적응하여 건강하게 살아가는 방법을 깨닫고 성장할 수 있도록 도와주는 것이다. 교수가 학생과의 상담을 통해 그들의 어려움을 보살펴 준다면, 학생들은 자신의 잠재력을 최대한 발휘하여 자신감을 가지고 행복한 대학생활을 누릴 수 있을 것이다.

　대학생을 위한 교수 상담이 반드시 필요한 이유를 정리해 보면 다음과 같다. 첫째, 대학생들의 학교생활 적응의 관점에서 필요하다. 대학에 들어온 새내기들, 그리고 복학생들이나 편입생들에게는 대학생활 적응을 위한 적절한 대처능력이 필요한데, 이럴 때는 신뢰할 수 있는 지도교수의 조언이 중요하다. 둘째, 학업ㆍ진로ㆍ취업문제에 대한 고민이 현 대학생들에게 가장 큰 문제라고 할 수 있다. 지도교수는 전공별로 접근할 수 있는 직무나 직군에 대한 전문적인 지식을 상담시간을 통해 학생들에게 전달해야 한다. 셋째, 대학평가 관점에서도 교수의 학생상담은 매우 중요하다. 최근 각종 대학평가에서 학생상담 실적이 중요한 평가기준이 되고 있으며, 각 대학에서는 평생지도교수제 등 다양한 형태로 그 기능을 담당할 수 있도록 하고 있다. 그 어느 때보다 학생 상담 및 지도에 대한 교수의 역할이 강조되고 있는 실정이다.

　이렇듯 여러 관점에서 교수의 학생상담은 반드시 필요하지만, 많은 교수가 상담을 통해 학생들 개개인이 가진 심리적인 문제를 직접적으로 다루기 어렵다고 호소한다. 대학생 상담을 잘하기 위해서는 우선 그들의 심리를 알아야 한다. 그들이 느끼고 있는 어려움을 제대로 이해할 때, 그것에 맞게 도와줄 수 있기 때문이다. 따라서 1장에서는 현재 우리 대학생들이 느끼고 있는 심리적 어려움은 무엇인지 자세히 살펴보고, 이러한 학생들과 소통하기 위해 교수는 어떠한 기본적 자세를 가져야 하는지, 그리고 대학생 상담에서의 목표는 어떠한 것들이 있는지를 알아보자.

대학생의 심리적 특징

대학 새내기부터 졸업을 앞두고 있는 대학생들에게 가장 중요한 일들과 도움이 필요한 일들은 무엇이 있을까? 학업, 대인관계, 자기계발과 여가활동, 인생 설계와 진로 준비 등 다양하지만, 모든 문제에 대해 중요하게 생각하지는 않으며, 도움받고 싶어 하는 부분도 조금씩 다르다.

신입생, 복학생, 편입생, 졸업준비생에 따라 대학생활에서 도움받고 싶은 것들은 차이가 있다.

신입생

신입생의 속마음은?

처음 대학에 입학했을 때는 모든 것이 새로웠고 기대가 컸다. 그러나 개강과 함께 시작된 대학생활은 생각만큼 쉽지 않다. 고등학교 때는 시키면 시키는 대로 해서 편했는데, 대학에서는 스스로 뭔가를 해야 하는 상황들이 많아 부담스럽다. 또 성적 맞춰서 대학에 왔더니 학과 수업에 흥미도 안 생기고, 수업방식도 고등학교와 달라 적응하기 어렵다. 학비도 벌고, 사회경험도 쌓기 위해 시작한 아르바이트도 너무 힘들다. 점장님, 직원들과의 관계도 어렵고, 아르바이트에 시간이 뺏겨 학과 과제를 제대로 못하는 것 같다. 하루하루 시간은 빨리 지나가는 것 같은데, 내가 지금 뭘 하고 있는지 모르겠다. 내가 기대했던 대학생활은 이게 아니었는데……. 요즘 많이 우울하고 심란하다.

■ 신입생의 심리적 특징

첫째, 대학 신입생 시기는 청소년 후기를 마무리하고 성인 초기를 준비하는 과도기적 단계이다. 신체적 · 인지적 발달이 성인 수준에 도달하였으나 사회적으로는 매우 어정쩡하다. 특히 입시 위주의 교육풍토 속에서 청소년기 발달과제인 자기정체감을 미처 확립하지 못한 채 대학에 진학하여 정체감 위기를 경험하기도 하는데, 심할 경우 고립감, 무력감, 우울감, 무가치함 등 정서적 고통을 경험할 수도 있다.

둘째, 일부 대학생들은 가족이나 익숙한 환경으로부터 떨어져 생활하면서 외로움을 느끼게 되며, 경제적 독립을 위해 시작한 사회활동에서 정신적 · 육체적으로 여러 스트레스를 경험하게 된다.

셋째, 학생선발의 단위가 학과가 아닌 학부가 되면서 많은 학생이 전공에 대해 특별한 목표의식 없이 대학 1년을 허무하게 보내게 될 가능성이 있다. 고등학교 시기와 수업방식이 전혀 다르고, 과제가 예상외로 많으며, 공강 시간 활용방법을 모르거나 학업이나 진로에 관한 조언자가 없어 힘들어한다.

넷째, 신입생들은 자신의 적성과 전공 그리고 앞으로의 진로에 대해 막연한 불안감과 고민을 가지고 있지만, 이러한 자신의 문제를 혼자 해결하려고 하거나 친구들 또는 선배들과 이야기하는 수준에 머물러 있다.

다섯째, 대학생 시기에는 이전과는 다른 이성관계를 경험하게 된다. 신체적인 측면에서는 성인과 다름이 없으나 아직 성인으로서의 역할이나 책임을 감당할 준비를 갖추지 못하고 있기 때문에 여러 문제가 발생하게 된다.

💡**Tip** 신입생의 어려움 확인하기

☑ 입학한 지 얼마 되지는 않았지만, 그동안 지내면서 느낀 것이 있다면 무엇인가요?

☑ 고등학교 때와 다른 점은 무엇인가요?

☑ 학교생활 중에서 생각지 못한 어려움이 있다면 무엇인가요?

복학생

복학생의 속마음은?

병역의 의무를 마치고 학교로 돌아왔지만 같이 다니던 동기들은 벌써 졸업해서 없거나 취업준비생이라 바쁘고… 마음 터놓고 고민거리를 이야기할 사람이 아무도 없다. 얼굴도 모르는 후배들과의 생활이 낯설고 어색하고, 괜히 복학생이라고 거리를 두는 것 같다. 어린 후배들이랑 함께하는 조별 작업이 부담되고, 그들과 경쟁을 해야 하는 상황도 불편하다. 이러면 안 되는데… 잘해야 하는데… 정신 차리고 잘해야 하는데… 생각처럼 쉽지 않다.

■ 복학생의 심리적 특징

첫째, 복학을 하여 새 학기를 맞이하면서 새로운 사람과 환경에 적응하는 과정에서 긴장과 스트레스가 반복되고, '새 학기 증후군'을 지속적으로 경험하기도 한다. 작게는 학교 주변 환경에서 크게는 사회 환경에 이르기까지 휴학 전과는 다른 새로운 환경에 어떻게 적응해야 할지 혼란이 생길 수 있다.

둘째, 전공과목이나 교양과목 공부에 상당한 스트레스와 부담을 경험한다. 복학 전과는 다른 학업 분위기, 학습방법의 변화, 강의내용의 이해나 적용 등 새로워진 환경에 적응하는 데 시간이 걸리며, 이에 따른 초조감과 불안감을 겪기도 한다.

셋째, 자신에 대한 주변 사람들의 기대가 이전과는 달라지게 된다. 주위의 기대에 따라, 복학 후에는 동아리활동이나 기타 개인 취미활동은 줄이고 공부와 취업 준비에 매진하게 된다. 그러나 기대했던 대로 이루어지지 않을 때, 투자하는 공부시간에 비해 결과가 좋지 않을 때, 아무리 열심히 공부해도 학과 공부를 따라갈 수 없다고 느낄 때 자신감을 잃고 실망하며, 심하게 자신을 비난하거나 좌절감을 느끼기도 한다.

넷째, 나이가 많거나 선배라는 이유만으로 학교생활에서 상당한 스트레스를 겪게 된다. 후배들과 함께 공부하고 경쟁해야 하는 상황에서, 공부든 생활이든 '선배이기 때문에 본보기가 되어야 해. 더 잘해야 해.'라는 생각에 부담감을 느끼게 된다. 잘해야만 한다는 심리적 압박이 가해지고, 주위 평가에 대해 민감해짐에 따라 강력한 스트레스를 받을 수 있다.

다섯째, 경제적으로 부모님으로부터 독립해야 한다는 의식이 늘어나면서, 아르바이트나 기타 활동으로 용돈을 벌기 위해 시간을 투자하게 된다. 경제적 활동을 하면서 학업과 스펙 쌓기, 대인관계 등의 여러 역할 수행에서 오는 부담감을 적절하게 해소하지 못할 경우 무기력감과 우울감을 경험하기도 한다.

Tip 복학생의 어려움 확인하기

☑ 복학 전과 후, 수업하는 데 달라진 점은 없나요? 달라진 점이 있다면 어떤 점인가요?

☑ 복학 후, 사람들과 함께하는 데 어려움은 없나요?

☑ 혹시 학교생활에서 예상치 못한 어려움이 있나요? 있다면 어떤 것들이 있나요?

편입생 또는 전과생

편입생의 속마음은?

올해 드디어 편입 합격! 그러나 합격의 기쁨도 잠시, 개강 전부터 힘들다. 개강 전 학과 모임에 참석했는데 선후배와 동기들이 날 무시하고 따돌리는 것 같다. 학교생활에 대해 누구에게 물어봐야 할지 몰라 답답하다. 개강하고 나서도 전공 수업 진도를 따라가기 버겁고 힘들다. 혼자 뒤처지는 것 같다. 편입 전 학교에서는 잘한다는 칭찬도 많이 들었는데, 여기에서는 내가 부족하다는 생각만 든다. 괜히 편입했나? 휴학할까? 편입하자마자 교수님께 이런 문제에 대해 말씀드려도 될까? 그러면 나에 대해 좋지 않은 인상을 가지시겠지? 지금 학교에서는 고민을 털어놓을 사람이 아무도 없다. 그전 학교 친구들에게 연락해서 만나자고 해야겠다.

■ 편입생이나 전과생의 심리적 특징

첫째, 편입생과 전과생은 이전 학교나 학과에 만족하지 않고 편입이나 전과를 통해 자신을 성장시키려는 잠재적인 성취동기가 높은 사람들이다. 그러나 남들과 다른 출발선에서의 새로운 시작으로 인해 여러 가지 스트레스를 경험할 수 있으므로 학기 초에 세심한 관심과 도움이 필요하다.

둘째, 학업에서의 적응문제가 발생할 수 있다. 이전 학교에서 동일한 전공이나 유사전공을 공부했던 경우라면 그 격차가 크게 느껴지지 않을 수도 있다. 그러나 대부분의 편입생이나 전과생은 학업에 대한 상당한 부담감을 갖는다. 특히 유사전공이 아닌 경우에는 기초가 탄탄하지 못한 상태에서 갑작스레 전공을 익혀야 한다는 심적 부담감과 많은 양을 공부해야 한다는 압박감 등을 느끼게 된다.

셋째, 전공이나 학과에 대한 정보 부족, 도움받을 수 있는 대상의 부재로 인해 학기 초 수강신청에서부터 학과 수업 참여 등 학과 적응에 여러 어려움을 겪게 된다. 편입한 대학에 적응하기 위한 노력이 실패할 경우 우울감과 좌절감을 경험하며, 심한 경우에는 학업 자체를 중도 포기하는 상황도 발생한다.

넷째, 대인관계에서의 어려움을 경험한다. 이런 상황에서 내향적인 학생은 특히 더 낯설고 힘겹게 느낄 수 있고 소외감을 느끼기도 한다. 이전과 현재의 학교나 학과를 비교하는 또는 비교당하는 과정에서 적응이 더 힘들어질 수 있다. 따라서 새로운 친구들을 사귀지 못하고, 기존의 친구들과만 연락하고 지내거나 편입생들끼리만 어울리는 경우도 발생한다.

Tip 편입생(전과생)의 어려움 확인하기

[편입생]

☑ 편입하게 된 계기는 무엇인가요?

☑ 학교를 선택하게 된 특별한 이유가 있나요?

☑ 편입 후, 사람들과 만나 사귀는 데 어려움은 없나요?

☑ 편입 후, 학교생활은 어떤가요?

[전과생]

☑ 전과를 하게 된 계기는 무엇인가요?

☑ 새로운 전공을 공부하는 데 힘든 점은 없나요?

☑ 전과 후, 동기나 선후배와 만나 사귀는 데 어려움은 없나요?

☑ 졸업 후, 어느 분야로 진출하고 싶나요?

졸업준비생

졸업준비생의 속마음은?

요즘 머릿속은 너무 복잡하고 몸은 계속 축 처지고, 정신을 차리기 힘들다. 늘어만 가는 과제와 학점 전쟁, 게다가 취업 준비로 눈코 뜰 새 없다. 정말 하루하루가 지친다, 지쳐! 바쁜 스케줄과 미래에 대한 불안과 걱정, 부담감들로 스트레스의 연속이다. 조기 취업한 친구와 비교하면 계속 작아지는 느낌이다. 4년 동안 난 뭐했지? 그냥 취업하지 말고 대학원에나 갈까? 아니면 유학? 졸업유예나 신청해서 좀 더 공부를 하든지 취업 준비를 할까? 그러면 부모님이 뭐라고 하시지 않을까? 요즘은 아무하고도 이야기하고 싶지 않다. 난 내 진로에 대한 확신도 없고, 자신도 없다. 진짜 아무 생각도 하기 싫고 울고만 싶다.

■ 졸업준비생의 심리적 특징

첫째, 졸업을 앞둔 대학생들은 비교적 자유로운 학교생활을 마감하고 어떤 형식으로든 자신의 삶의 윤곽을 잡아 나가야 한다는 책임감을 느끼게 된다. 따라서 세상에 대한 막연한 두려움을 갖기 쉽고, 때로는 세상에 대한 도피로 대학원 진학이나, 유학, 졸업유예 등을 통해 학생 신분을 계속 연장하고 싶어 하기도 한다.

둘째, 진로나 미래에 대한 막연한 불안감, 자신감 하락을 경험한다. 미리 취업에 성공한 친구들과 비교해서 자신은 계속 정체되어 있는 것 같다는 생각에 패배감과 상실감을 느끼게 된다. 마음을 다잡고 새롭게 목표를 설정하고 실행에 옮기려고 하지만, 얼마 남지 않은 시간에 쫓겨 제대로 된 결과물을 내지 못해 더 큰 스트레스를 받게 되기도 한다.

셋째, 진로의사결정에 대해 고민을 많이 하게 된다. 고등학교 시기에는 주위 사람들의 도움을 받아 대학 진학이나 취업을 결정할 수 있었지만, 대학 졸업 후의 진로는 온전히 자신이 결정하고 책임을 져야 하기 때문에 많은 부담감을 느끼게 된다.

넷째, 지금까지 대학생활에서의 문제들이 전면적으로 드러나는 시기이다. 학점관리, 스펙, 대인관계 등을 돌아보며 후회나 열등감을 가지기도 한다. 특히 4학년이라 지금 당장 무엇인가를 시도하기에는 너무 늦었다는 생각에 우울증과 무기력증에 빠지기도 한다.

다섯째, 대인관계에서 여러 어려움이 있다. 이성친구와의 사귐에 있어 결혼이나 장래와 관련된 고민이 증가하여 갈등을 겪는 시기이기도 하다. 또한 취업이 되지 않는 모습을 보이지 않기 위해서나 취업 준비에 집중하기 위해서 모든 인간관계를 단절하고 아웃사이더를 자처하는 경우도 있다.

Tip 졸업준비생의 어려움 확인하기

[진로문제]

☑ 4학년이라 많이 바쁘지요? 어려운 점이나 도움받고 싶은 점이 있다면 이야기

해 볼래요?

☑ 곧 졸업을 앞두고 있는데, 진로에 대해 어떠한 생각을 하고 있나요?

☑ 어떠한 계획을 세우고 있나요?

[대학원 진학]

☑ 대학원에 진학해야겠다고 생각한 계기가 있나요?

☑ 대학원에 진학해야겠다고 결정한 건 언제인가요?

☑ 부모님과 충분히 상의해 보았나요?

[유학]

☑ 유학을 결정한 계기가 있나요?

☑ 어디로 갈 계획인가요? 어떠한 준비를 하고 있나요?

☑ 유학에 대해 부모님은 어떻게 생각하시나요?

[취업]

☑ 어느 회사를 지망하고 있나요?

☑ 취업 준비는 잘 하고 있나요?

☑ 준비하면서 어떤 어려움이 있나요?

대학 교수는 학생들과 인격 대 인격의 만남을 통해 교수자의 역할뿐 아니라 상담자로서의 역할도 수행할 수 있어야 한다. 교수는 일방적인 지시와 전달에 익숙해져 있는 권위적인 모습을 버리고, 대학생에게 인생의 멘토가 되어 성취동기와 목표를 안내하고, 학교생활 적응의 어려움을 함께 해결하고 인간적인 성장에 도움을 주는 조력자가 되어야 한다. 교수가 인생의 멘토이자 조력자, 상담자로서의 역할을 효과적으로 수행하기 위해서 가져야 할 기본적인 자세에 대해 살펴보자.

상담을 위한 마음가짐(기본적 자세)

최근 각 대학마다 '생애지도교수제' '학생상담 지도교수제' '지도교수 상담제' 등의 이름으로, 한 학기에 몇 번씩 필수로 학생들에게 상담을 하도록 제도화하고 있다. 교수와 학생 간의 교류를 높이고 학생들의 고민을 듣고 해결해 주기 위해 이러한 제도들이 생겼지만, 제 구실을 하고 있는지는 의문이다.

지도교수와의 상담을 마치고 나온 학생들의 반응이 좋지만은 않다. "교수님이 신상정보에 대해서 간단히 묻고, 원래 한 시간 상담인데 실제로는 30분 만에 끝났어요." "어쩔 수 없이 학기에 한 번은 교수님을 만나야 하지만, 왜 만나는지 모르겠어요." "앉자마자 어려운 일은 없는지 물어보시는데, 교수님께 제 이야기를 하는 게 불편해서 아무 말도 못했어요." "강제적으로 하라고 해서 하는데, 효과는 모르겠어요." "나와 아무런 관련이 없는 교수님이 과연 나에 대해서 얼마나 알아서 상담을 해 줄 수 있을까요?" 등 학생들의 반응이 부정적인 경우가 많다. 학생들은 교수님과 어색하게 마주 앉아 학과 수업이나 진로, 취업에 대한 이야기를 주로 나누고, 자신의 속마음이나 개인적인 문제에 대해서는 이야기하지 않는 경우가 대부분이다. 학생들이 자신의 전공분야와 취업에 대해서 이야기하는 것이 잘못된 것은 아니다. 그러나 각 학교마다 시행되고 있는 교수 상담제의 본래 취지는 이런 것이 아닐 것이다. 교수-학생 간의 진정한 만남과 소통을 위한 자리, 학업이나 진로 이외에 대인관계문제, 자신의 삶에 대한 불안 등 개인적인 고민에 대해 학생이 교수에게 조언을 구하는 자리를 마련하기 위해 만든 제도일 것이다.

'군사부일체(君師父一體)'라는 말이 있다. 임금과 스승과 부모는 하나라는 뜻이다. 즉, 임금과 스승과 부모는 한 몸과 같으니 정성을 다해 받들어야 한다는 의미이다. 그러나 요즘 스승을 아버지 섬기듯 하는 학생들이 과연 몇이나 될까?

대부분의 학생이 교수의 권위의식이나 교수와의 세대차이로 인하여 거리를 두고 불편해한다.

그렇기 때문에 학생과의 만남을 위해서는 교수의 역할이 매우 중요하다. 교수는 평소에 연구실 문턱을 낮추고 학생들과 대화할 수 있는 편안한 분위기를 조성해야 한다. 그리고 무엇보다 중요한 것은, 학생의 이야기를 있는 그대로 들어 주고자 하는 교수의 자세와 마음가짐이다. 학생들과 진심으로 소통하고자 하는 마음이 가장 필요하다. 학생이 아무리 대화를 하고 싶어도 교수가 판단하고 해답을 제시하려는 자세로 일관한다면 상담은 제대로 이루어질 수 없다.

다음은 학생과의 성공적인 상담관계 형성을 위해 교수가 가져야 할 기본적인 마음가짐이다.

■ 학생과의 성공적인 상담관계를 형성하기 위해 지속적인 관심이 필요하다

교수는 학생과 좋은 상담관계를 맺기 위하여, 먼저 학생에게 많은 관심을 기울여야 한다. 관심의 전달은 대인 간 상호작용을 촉진시키며, 상담 시작 단계에서 필수 요소이다. 평소 교수가 학생에게 어느 정도 관심을 주었는지에 따라 상담관계는 달라질 수 있다.

■ 교수는 해결사가 아니다. 어설픈 도움을 주려고 해서는 안 된다

간혹 학생의 문제 행동의 동기나 숨겨진 욕구를 이해하려고 하기보다, 그저 도와주려는 마음이 앞설 때가 있다. 그러나 성급히 교수 개인의 욕구에 의해 도움을 주려고 해서는 안 된다. '내가 가지고 있는 정보나 지식을 빨리, 보다 많이, 학생을 위해 사용해야지.' 하는 성급한 마음을 경계해야 한다. 상담은 상호 인격적으로 동등한 위치에서 학생이 가지고 있는 문제를 명백하게 밝히고 서로 도와 해결의 실마리를 찾아 가는 과정임을 잊지 말아야 한다.

■ 평가·판단보다는 수용·존중하려는 자세가 중요하다

사람들은 누구나 무조건적으로 수용·존중받고 싶은 마음이 있다. 그러므로 문제에 대한 평가나 판단보다는 '그럴 수밖에 없었겠구나.' 하는 마음으로 학생을 수용·존중하려는 태도를 보여 주는 것이 필요하다. 상담에서 학생의 성장을 촉진하는 핵심은 수용 또는 존중임을 명심해야 한다.

■ 선입견을 버려야 한다

교수는 자기의 틀로 학생을 바라보지 말고, 있는 그대로를 이해하고 받아들여야 한다. 선입견을 가지고 학생과 상담할 경우, 교수는 자신의 기준으로 '옳다, 그르다, 좋다, 나쁘다' 등을 판단하여 섣부른 충고나 조언을 하게 된다. 학생은 나와 같아야 한다는 생각을 버리고, 그들의 다양성과 다름을 인정해 주어야 한다.

■ 상담에서 문제를 보는 시각을 바꾸어야 한다

학생이 가진 문제를 부정적으로만 보지 말고, 그것 또한 학생이 버티며 살아온 힘일 수도 있음을 알아야 한다. "살아오면서 많이 애썼구나. 앞으로 네가 더 잘 지내기 위해서 뭔가 변화되어야 할 것을 찾은 것 같구나." 등과 같은 피드백을 통해, 학생 스스로 문제에 대해 변화 가능하다는 희망을 갖도록 해야 한다.

■ 학생의 문제에만 초점을 두지 말아야 한다

학생이 가진 문제만을 지적할 경우 더욱 위축되고 심각한 좌절감이나 죄책감을 경험한다. 이럴 때일수록 문제에만 초점을 두지 말고, 학생이 지금까지 유지시켜 온 장점과 자원을 발견하도록 도와야 한다.

■ 상담에서 속 시원하게 말할 수 있게 허용적인 분위기를 제공해야 한다

어려운 문제를 경험할 때, 특히 대인관계가 좋지 않은 경우 혼자 고립되어 외로움, 우울, 분노 등의 부정적인 감정을 쌓아 두게 된다. 어디에서도 표현하지 못하는 감정들을 상담 장면에서 표현할 수 있도록 수용적인 분위기를 제공하는 것이 필요하다.

지금까지 학생들과 상담하기 위한 기본적인 마음가짐에 대해 알아보았다. 이러한 마음을 가지고 학생에게 다가간다면, 학생들 또한 자신의 어려운 문제에 대해서 마음을 열고 도움을 청할 것이다. 교수와 학생 모두 상담을 위한 준비 자세를 갖추었다면, 이제 함께 상담목표를 설정해 보자.

대학생 상담의 목표

일반적으로 상담이라고 하면 소위 문제가 있는 사람의 문제를 해결해 주거나 심리치료를 하는 것으로 이해하는 경향이 있다. 이런 경우에 상담의 대상도 문제를 가진 사람으로 제한되는데, 이는 상담을 소극적이고 제한된 의미로 보는 견해이다. 상담은 치료적인 기능뿐만 아니라 예방적이고 발달적인 기능을 같이 가지고 있으며, 최근에는 이러한 기능이 더 강조되고 있는 추세이다.

학생과의 상담을 통해 학생의 욕구와 감정을 헤아리면서 학생 스스로 성장할 수 있도록 도와주어야 한다. '최선을 다해서 도와주어야지.' 하는 단순한 의지만 가지고 상담이 되는 것이 아니다. 교수와 학생이 함께 목표를 설정하고, 목표 달성을 위해 공동으로 노력해야 한다. 상담의 궁극적인 목표는 자신의 잠재력을 최대한 발휘할 수 있게 하고, 일상생활에서 보다 건강하고 행복한 삶을 누릴 수 있게 하는 것이다. 이러한 궁극적인 목표를 향해 교수와 학생 모두 함께 노력

해야 한다.

다음은 대학생 모두에게 일반적으로 적용되는 상담목표이다.

■ 학생 스스로에 대한 이해

학생으로 하여금 자신의 신념, 생각, 흥미, 욕구, 능력, 성격, 관심, 인간관, 세계관 등에 대해 정확하게 이해하고 수용하는 태도를 갖도록 도와준다. 상담의 목표는 학생 개인이 스스로 자신을 소중한 인격체로 인정하고 자신의 개성을 존중하며 자신에 대한 올바른 이해를 할 수 있게 돕는 것이다.

■ 긍정적 자아개념 형성

학생이 긍정적 자아개념을 형성하도록 도와준다. 긍정적 자아개념을 갖게 되면 매사에 자신감을 갖고 행동할 수 있으며 타인과도 원만한 관계를 유지할 수 있다. 또한 긍정적 자아개념은 삶을 보다 긍정적으로 바라보게 만든다. 학생으로 하여금 자아정체감을 확립하도록 도와준다.

■ 잠재능력 계발

상담은 타고난 잠재능력을 계발하여 저마다 자기를 실현하는 사람이 되도록 돕는 것이다. 그러므로 학생의 흥미, 적성, 능력 등을 발견하고 그것을 발휘할 수 있도록 도움을 제공해야 한다. 특히 자신의 능력을 새롭게 발견하고, 왜곡해서 지각했던 자신의 특성을 바르게 지각하도록 도와주는 것이 필요하다.

■ 적응능력 신장

대학생이 되면 새로운 환경에 적응하는 데 여러 가지 어려움을 경험하게 된다. 교수-학생 간의 관계에서 학생이 느끼는 친밀감이 대학생활 적응의 주요한 요인이다. 따라서 상담을 통해 학생과 신뢰롭고 친밀한 관계를 형성해 감으로써 학생의 대학생활 적응에 도움을 줄 수 있다.

■ 의사결정기술 함양

학생에게 상담이 필요하다는 것은 현재 학생 스스로 해결하기 어려운 문제를 안고 있다는 것이다. 자신의 문제를 인식하지 못하거나 문제가 발생했을 경우 회피하려고 할 때, 교수는 상담을 통해 이를 도울 수 있다. 학생 스스로 문제를 인식하도록 돕고, 함께 해결책을 고민한 다음, 문제해결에 방해가 되는 원인을 극복하도록 도와준다.

■ 대인관계 능력 향상

상담을 통해 대인관계 능력을 향상시킬 수 있다. 대학생들이 겪는 문제 중 이성문제, 동기문제, 선후배문제 등 여러 대인관계에서 많은 문제가 발생한다. 성공적인 대학생활을 위해 타인과 원만한 관계를 유지하는 방법을 습득하는 것은 매우 중요한 상담의 목표라 할 수 있다.

대학생들에게 일반적으로 적용되는 상담목표를 살펴보았다. 개인적인 어려운 문제를 호소하는 경우에는 그 학생에 적합한 상담목표가 설정되어야 한다. 그런데 이렇게 학생 개개인에 따른 상담목표를 설정하고 상담을 진행하는 일이 생각만큼 쉽지 않다. 학생이 호소하는 어려움에 따라 어떻게 상담을 해야 할지 몰라서 당황하는 경우도 많다. 또한 학기 중에 교수가 시간을 할애하여 모든 학생과 상담을 하기는 현실적으로 많은 제약이 따른다. 이러한 이유들로 어렵게 학생들과 만나더라도, 상담이 형식적으로 진행되거나 대충 마무리되는 경우가 발생하기도 한다. 따라서 제한된 시간에 여러 어려움을 호소하는 학생과의 상담을 효율적으로 진행하기 위해서는 실질적 상담에 적용 가능한 체계화된 상담 매뉴얼이 필요하다. 2장에서는 실질적으로 대학생 상담에 필요한 상담 단계를

알아보고, 학생과의 만남을 위해서 요구되는 상담기법들에는 어떠한 것들이 있
는지, 기타 다양한 상담방법으로 어떠한 것들이 있는지 살펴보도록 하자.

Chapter **02**

학생 상담,
어떻게 할 것인가

-만남의 장(場)-

교수의 학생상담이 효과적으로 이루어지기 위해서는 평소에 교수와 학생이 좋은 관계를 맺어두는 것이 필요하다. 교수와 학생은 수업시간, 학과 모임, 캠퍼스 내의 다양한 장소에서 만날 수 있다. 이때 학생들은 교수가 자신들에게 어떻게 대해 주었는지에 따라 교수에 대한 인상을 형성하게 되므로, 교수는 좋은 인상을 심어 주도록 해야 한다. 교수는 학생들이 필요로 하는 가까운 곳에서 든든한 멘토의 모습으로 학생들과 인간적인 만남을 가지며 소통할 준비가 되어 있어야 한다.

학생과의 만남

대부분의 상담과정이 이루어지는 곳은 교수 연구실이다. 교수에게는 본인의 연구실이 가장 편안하고 안정된 장소이지만, 찾아오는 학생의 입장에서는 어려운 공간에서 어려운 어른을 만나게 되는 것이다. 그러므로 편안하게 느낄 수 있도록 배려해야 한다.

학생과의 만남은 [그림 2-1]과 같이 1단계부터 5단계까지의 과정으로 이루어진다. 1단계에서는 상담을 위한 시간을 확보하고, 상담내용과 함께 학생의 기본적인 자료를 확인한 후 물리적인 환경을 준비해야 한다. 2단계에서는 학생들의 물리적·심리적 부담감을 덜어 줄 수 있도록 반갑게 맞이할 수 있어야 한다. 3단

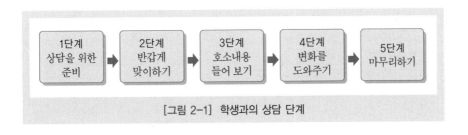

[그림 2-1] 학생과의 상담 단계

계에서는 학업영역, 대인관계영역, 개인영역에 대한 호소내용을 들어 주게 된다. 4단계에서는 당면 문제 해결을 비롯한 변화를 도와주기 위한 전략으로 W(Want-원하는 것이 무엇인가?)-D(Do-무엇을 해 보았는가?)-E(Evaluate-지금 하는 행동은 원하는 것에 도움이 되는가?)-P(Plan-앞으로는 무엇을 해야 할까?)를 활용할 수 있다. 5단계에서는 상담을 마무리하는 시점으로 학생이 언제라도 다시 올 수 있음을 알려 줄 필요가 있다.

많은 대학생은 교수와 상담을 한다는 것을 매우 어려워한다. 교수에게 상담을 받으려고 자발적으로 교수 연구실을 방문하는 학생은 극소수일 것이다. 따라서 교수가 먼저 학생들을 불러 상담을 하는 등 보다 적극적인 노력이 필요하다. 학기 초에 신입생, 편입생, 복학생 등을 우선적으로 만나 보려는 노력이 필요하며, 특히 학업성적이 낮은 학생이나 결석을 자주 하는 학생들을 적극적으로 불러 만나 보려는 노력이 필수적이다. 이 경우는 학생들의 고민이나 어려움을 파악해서 해결할 수 있도록 돕는 것도 중요하지만, 무엇보다도 이들과 친해질 수 있도록 하는 노력이 필요하다. 이들이 교수와 친밀감을 느끼게 된다면 현재 겪고 있는 어려움에 대한 상담에 보다 적극적으로 참여하게 될 것이고, 이들과의 상담도 효과적으로 진행될 수 있다.

Tip 교수의 상담이 우선적으로 필요한 학생

- 신입생, 편입생, 복학생
- 수업에 대한 참여도가 낮은 학생
  - 수업시간에 빈번하게 졸거나 잠을 자는 학생
  - 과제를 제때에 제출하지 못하거나 아예 제출하지 않는 학생
  - 빈번하게 결석하는 학생
  - 학점이 평균 이하이거나 전 학기에 비해 급격하게 하락한 학생

1단계(상담을 위한 준비)

① 시간 확보

학생과 상담을 하기 위해서는 사전에 시간 약속을 하는 것이 필요하다. 학생들이 시간을 사전에 확인할 수 있도록 강의시간표에 상담 가능한 시간을 표시하여 연구실 문 앞에 게시하고 이메일이나 전화로 약속을 잡도록 한다.

사전에 약속을 하지 않은 학생이 연구실로 불쑥 찾아와서 상담을 요청하는 경우도 있을 수 있으므로, 상담 가능한 시간으로 예정된 시간에는 연구실을 지키도록 한다. 학생들은 이런 만남을 통해 교수들과의 관계를 보다 친밀하게 느낄 수 있게 된다.

② 상담내용 준비

학생과 상담시간을 잡을 때, 학생이 상담하고 싶은 주제가 무엇인지 미리 확인하여 알아 두도록 한다. 진로 정보, 추천서, 학업 곤란, 장학금, 학교 적응 등 각 주제에 따라 사전에 준비할 내용이 달라지기 때문이다.

학생과 약속한 시간 1~2분 전에는 하던 업무를 마무리하고 어떤 내용으로 상담할 것인지 마음의 준비를 하고, 학생이 연구실에 들어왔을 때는 바쁘다는 인상을 주지 않는 것이 좋다.

③ 학생의 기본적인 자료 확인

학생과 효과적인 상담을 진행하기 위해서는 교내 종합정보시스템에서 학생의 인적사항, 가족상황 등을 미리 살펴보도록 한다. 학생에 대한 기본적인 자료를 미리 확인해 두면 상담시간에 기본적인 사항을 물어보는 시간을 절약할 수 있고, 보다 깊은 대화를 나누는 데 도움이 된다.

④ 물리적 환경 준비

연구실은 사전에 학생들과 마주 앉아 이야기 나눌 수 있도록 미리 정리해 놓는다. 학생들은 자신만을 위한 공간과 시간을 준비한 것에 대하여 감동받게 될 것이다.

학생과의 상담시간에는 상담과 관련 없는 전화나 다른 업무는 하지 않도록 한다. 만약 전화가 온다면 "미안한데, 잠깐만 기다려 줄래요?" 하고 받은 후, 간단하게 통화를 끝내도록 한다. 통화가 끝난 후에는 "이야기를 중단하게 되어 미안해요."라고 양해를 구한 후 상담을 다시 진행하도록 한다. 이때 만약 이전에 어떤 이야기를 하고 있었는지가 기억나지 않는다면 "우리가 어디까지 이야기했지요?"라고 물어서 확인하도록 한다.

⑤ 갑자기 방문한 학생과의 상담

교수들은 한 학기 동안 상담 가능한 시간대를 미리 학생들에게 공지하고, 해당 시간에 상담을 진행할 수 있도록 안내하는 것이 좋다. 상담시간을 정해 놓았다고 하더라도 해당 시간에 학생들이 계속 방문하는 것은 아니므로 실제로는 연구실에서 다른 일에 몰두해 있는 경우가 대부분일 것이다. 다른 일에 집중하고 있을 때 학생들이 방문하게 되면 반갑기보다는 방해가 된다고 느낄 수 있으므로, 학생들로 하여금 사전에 미리 약속을 정하고 오도록 안내하는 것이 필요하다.

사전 약속을 잡을 수 있도록 안내하였지만, 약속 없이 갑자기 찾아오는 학생들도 있기 마련이다. 만약 상담시간을 허용하기 어렵다면, 이러한 경우에도 학생의 입장에서 '교수님이 너무 바쁘셔서 나를 만날 시간이 없으시겠구나.'라는 거절당하는 느낌이 들지 않도록 주의해야 한다. 사전 약속 없이 갑자기 방문한 학생에게는 ⓐ 일단 환영하고, ⓑ 지금 낼 수 있는 시간이 짧기 때문에 다음에 올 수 있는지를 이야기하고, ⓒ 다음 약속 시간을 잡고, ⓓ 약속하고 오라고 한 의도를 전달한다.

Tip 갑자기 방문한 학생과의 상담

- 학생: 교수님, 안녕하세요? 의논드릴 게 좀 있어서요.
- 교수: 어서 와요(ⓐ). 뭔가 급하게 의논할 일이 있나 보군요.
- 학생: 그렇게 급한 건 아니지만… 지금 시간 괜찮으신가요?
- 교수: 지금은 10~15분 정도는 시간을 낼 수 있고(ⓑ), 이야기가 길어진다면 약속을 하고 다음에 다시 만나도록 해요(ⓒ). 약속을 하지 않고 찾아오면 내가 연구실에 없을 수도 있으니 미리 연락을 주고 약속을 잡으면 더 좋을 것 같네요(ⓓ).

⑥ 상담기록 준비

학생들과의 상담이 단회로 끝나기도 하지만, 여러 차례 반복할 경우 이전의 상담내용을 기록해 두면 현재 상담에 도움이 된다. 행정적인 측면에서도 상담내용을 지속적으로 기록하여 관리하면 교수, 학과, 대학 평가에서 다양한 근거자료로 활용할 수 있다. 전문적인 상담이 아니더라도 교수와 학생 간의 상담은 기본적인 비밀보장을 원칙으로 해야 한다. 자신과 타인을 해할 위험이 있거나 감염성이 있는 질병이 있을 때와 같이 사회적·법적 문제 등의 예외사항을 제외하고는 개인정보를 보호해 줘야 할 의무가 있고, 교수는 상담기록자료를 철저하게 보관하고 관리하도록 한다.

대학에서 제공하는 종합정보시스템에서 상담기록 관리 틀을 제공하고 있다면 틀에 맞추어서 기재하면 된다. 단, 학생과의 상담 중에 시스템에 상담내용을 기록하는 것은 상담에 방해가 되므로, 간단히 메모해 두었다가 상담을 마친 후 전산시스템에 등록하도록 한다.

학생 상담 기록지

이름	홍길동	학년	4
상담일	○○○○년 ○월 ○일		
현재 상황 및 호소내용	* 4학년인데 공부가 안 됨 * 학업 및 진로 고민		
상담내용	* 1학년부터 전공 불일치, 학점이수에만 집중함 * 학과 적성 맞는지 확인받고 싶고, 앞으로 취업 걱정		
상담결과	* 졸업이수학점 채우기 * 학업스트레스 줄이기 * 취업 관련 경력개발		
의견 및 사후관리	* 적성 관련 심리검사 필요 * 적성에 맞는 기업에 취업할 수 있는 경력개발 요구 * 성적에 대한 고민만 하고, 학습에 대한 관심이 적으므로 학습컨설팅 필요		

[그림 2-2] 학생 상담 기록지 예시

2단계(반갑게 맞이하기)

교수가 학생과 상담을 하는 데 있어서 물리적·심리적 부담을 느낄 수 있다. 상담을 하려면 어느 정도 시간을 들여야 하고, 학생들의 고민에 대해 적절한 의견도 제시해 주어야 할 것 같기 때문에 교수는 더욱 부담스러울 수 있다. 이런 부담감은 학생들도 마찬가지일 것이다. '교수님이 나를 이상하게 보시지는 않으실까?' '어떻게 이야기를 해야 할까?' '해결책이 없으면 어떻게 하지?' 등의 생각으로 불안할 수 있으므로, 그 마음을 잘 이해하고 반갑게 맞이하도록 하는 것이 중요하다.

학생이 들어오면 밝은 표정으로 인사를 건네며, 지정된 좌석에 앉도록 권유하고 대화를 시작한다. 되도록 상담의 분위기를 긍정적인 방향으로 이끌 필요가 있으며, 부정적인 감정에 반응하기보다는 학생이 희망하는 방향으로 반응하도록 한다. 이때 학생을 향해 앉고 의자 뒤에 편안하게 기대는 것보다는 학생 쪽으로 약간 기울여 앉도록 한다. 팔짱을 끼는 것을 삼가고, 시선은 적절한 높이로 부드러운 눈길을 주도록 한다.

💡Tip 대화 유도

☑ 대화를 시작할 때

　－메일을 보낸 후 어떻게 지냈나요?

　－지난번에 메일로 보냈던 내용은 어떻게 되었나요?

☑ 말하기 힘들어할 때

　－이야기하고 싶어서 왔는데 막상 말하려니 힘든가 봅니다.

☑ 침묵이 길어질 때

　－지금 무슨 생각을 하고 있나요?

☑ 두서없이 이야기할 때

　－지금 이야기하는 것이 나를 찾아온 것과 어떤 관계가 있을까요?

3단계(호소내용 들어 보기)

학생들과 상담을 할 때는 학업영역, 대인관계영역, 개인영역으로 구분하여 호소내용을 파악하도록 한다.

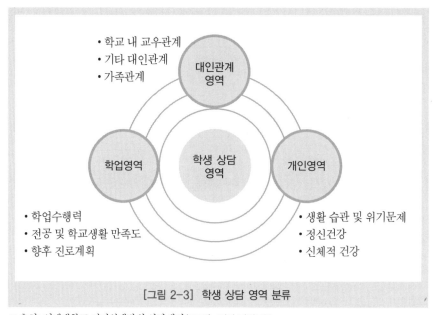

[그림 2-3] 학생 상담 영역 분류

※ 출처: 연세대학교 리더십개발원 상담센터(2008). 면담 가이드북.

① 학업영역

대학생들이 가장 많은 어려움을 호소하는 영역은 학업과 진로 문제일 것이다. 전공에 대한 학업능력이 부족하다고 생각하는 학생들이 많이 있다. 대학에 들어와서 공부하는 것에 어려움이 없는지, 어려움이 있다면 어떤 부분인지, 전공은 만족하는지, 진로는 결정했는지 등에 대한 파악이 먼저 필요하다.

학업영역에 대한 파악을 위해서는 학업수행력, 전공 및 학교생활 만족도, 향후 진로계획에 대해서 살펴볼 필요가 있다. 첫째, 학업수행력은 지난 학기 평점이나 현재까지의 학점 평균 수준을 통해 확인할 수 있다. 둘째, 전공 및 학교생활 만족도는 전공을 어떻게 선택하였는지, 선택한 전공은 마음에 드는지, 전공이 적성에 맞는지 등에 대한 질문을 통해서 파악하도록 한다. 셋째, 졸업 후에는 어떤 일을 계획하고 있는지, 어디를 목표로 취업 준비를 하고 있는지, 취업과 관련해서 영어, 자격증 등의 준비는 어느 정도 하였는지를 통해 향후 진로계획을 확인하도록 한다.

Tip 학업영역

✓ 공부 이외의 영역에서도 적응의 어려움은 없는지를 확인하고, 공부 이외의 학교생활에 문제가 없다면 학업영역에서만 문제가 있는 것으로 보고 구체적인 문제해결을 하도록 돕는다. 만약 학업 이외의 영역에서 어려움을 경험하고 있다면, 어떤 어려움이 있는지를 확인하도록 한다.

✓ 학업영역의 문제라면 적절한 학업 기술이 없어서인지, 특정 과목에서 요구되는 지식이 없어서인지 등을 확인하고 문제를 명확히 하여 그에 맞는 해결책을 찾아 학생이 실행하도록 한다. 학습방법 기술에 대한 부족이라면 교내 교수학습개발센터로 연계하도록 한다.

✓ 구체적인 문제에 대한 대처방법이 결정되었다면 학생이 실행할 수 있도록 지지해 주고, 2~3주가 지난 후에 대처방법을 잘 실행하고 있는지 확인한다. 상담을 한 학생의 입장에서 추후 상황을 확인하는 것에 대해 고마워할 뿐 아니라 대처방법을 실행할 압력도 느끼게 되어 문제를 해결할 수 있는 가능성이 높아지기 때문이다.

〈표 2-1〉 학업영역에서의 고민

고민	호소문제	학생이해	도움 주는 방법
전공에 적성이 맞지 않거나 흥미가 없다	• 전공학과에 흥미가 없고, 적성이 맞지 않아 전공과목, 시험 등에 관심이 없음 • 학교생활과 진로 갈등이 쌓이는 중임을 호소	• 전공을 바꾸기도 어렵고, 새롭게 입시를 치르기 어려움 • 전공에 대한 무능력감, 전공 외 진로 부담감을 느껴 학교생활에 부적응적인 학생	• 학교생활, 인간관계, 성격 적응을 할 수 있도록 초점을 맞춤
막연한 취업으로 인한 불안, 정신적 압박감이 심하다	• 취업이 잘되지 않는 학과에 재학 중이고, 어려운 가정 환경에서 어렵게 대학에 입학하여 졸업 후 꼭 취업해야 함 • 취업난으로 인한 불안과 스트레스를 호소하며, 특히 4학년이 되어 스트레스와 불안이 더 심해짐을 호소	• 구체적인 노력은 하지 않고(혹은 어떤 노력을 해야 할지 모름), 마음은 항상 불안하고 취직에 대한 강박관념에 시달리고 있는 학생	• 취업에 관한 구체적인 정보를 얻는 방법, 막연한 고민을 구체적인 노력으로 바꿀 수 있는 생활계획이나 행동계획을 구상하는 방법에 대한 코칭 • 완벽주의나 '꼭 취직이 되어야만 한다'는 강박적인 생각에 대한 비합리적 사고를 교정하는 방법을 제시
공부가 잘되지 않고 성적이 저조하다	• 공부가 잘되지 않고 성적이 나빠 학습에 대한 자신감을 잃음 • 자주 잡념, 공상이 떠오르는 경우, 책만 보면 쉽게 피곤해지고 기억력이 부족함을 호소 • 도대체 공부를 왜 해야 되는가 하는 회의에 자주 빠짐	• 실제적인 학습능력이 부족하거나 심리적 문제로 인한 대인관계 부적응으로 고민하여 공부에 전념하지 못하는 학생 • 지나치게 높은 학업성적을 기대하고 스트레스를 받아 학습능력을 올리지 못하는 학생	• 공부방법이 문제이면 학습방법을 개선 • 마음의 문제이면 마음의 고민부터 먼저 해결 • 공부에 대한 비합리적 신념 때문이라면 사고를 융통성 있게 바꾸어 줌
군 제대 후 학교생활 적응이 어렵다	• 군 제대 후 복학한 학생의 학교생활에서 겪는 어려움을 호소	• 나이가 더 어린 학생들과 어울려야 하고, 오랜만에 다시 책을 보니 머릿속에 잘 안 들어오고 학습능력이 오르지 않아 힘듦을 토로하는 학생	• 공부방법이 문제이면 학습방법 개선 제시 • 마음의 문제이면 마음의 고민부터 먼저 해결

② 대인관계영역

대학에 와서 직면하게 되는 큰 어려움 중의 하나가 바로 대인관계이다. 원만한 대인관계는 대학생활 적응에 큰 영향을 미치게 되므로, 학생들 개개인이 대인관계를 잘 맺을 수 있도록 지도할 필요가 있다. 그러기 위해서는 학과에서 인적 네트워크를 형성해 주는 문화가 형성될 필요가 있으며, 능동적이고 활동적으로 교내활동에 참여할 수 있도록 유도해야 한다.

대인관계영역에서는 학교 내 교우관계(학과 친구관계, 선후배관계, 전공 교수와의 관계, 동아리 안에서의 대인관계 등), 기타 대인관계(이성교제관계, 학교 밖 친구관계 등), 가족관계(가족관계 갈등 여부, 가족의 경제적 상황, 거주형태)에 대해서 파악할 필요가 있다.

💡Tip 대인관계영역

- ☑ 학생이 대인관계의 갈등 상황에서 어떤 생각을 했고, 어떤 기분이 들었으며, 어떻게 행동했는지를 충분히 표현하도록 하는 것이 우선이다. 만약 학생이 대인관계의 갈등에 대처하면서 잘못한 점이 있어도 그것에 대해 비난하지 않고 일단 들어 주도록 한다.
- ☑ 학생이 현재 이 문제로 얼마나 현실적인 어려움을 경험하는지 확인한다. 실제로 모든 친구와 멀어져서 혼자 학교생활을 하는지, 스트레스가 심해서 수업에 집중이 어렵고 성적이 떨어졌는지, 평상시 하던 일을 그대로 잘하고 있는지 등을 확인하도록 한다.
- ☑ 학생이 호소하는 대인관계의 어려움이 현실적인 문제를 크게 야기하지 않고 학생 스스로 해결할 만한 능력이 있다고 판단되면, 적절한 해결책에 대해서 이야기한다. 실현가능성이나 현실성보다는 어떤 해결책이라도 많이 생각하고, 그 뒤에 얼마나 현실적인지, 효과가 어느 정도인지 등을 객관적으로 평가하도록 한다. 그중 가장 현실적이면서도 효과가 좋은 해결책을 선택해서 실행하도록 한다.

☑ 학생이 호소하는 대인관계의 어려움이 현실적인 문제를 야기하거나 학생 스스로 해결할 만한 능력이 현재 없다고 판단되면, 대학의 학생상담센터나 정신과 등 전문적인 기관을 소개해 주고 연계하도록 한다.

☑ 어떤 경우에는 교수가 직접 이 문제에 관련된 학생들을 불러서 해결해 주고 싶은 마음이 들 수도 있겠지만 이런 경우에는 대부분 본인이 직접 해결하는 것이 가장 좋으므로, 학생이 요청하더라도 스스로 해결하도록 뒤에서 도와주는 것이 좋다.

☑ 상담을 한 후, 일주일이나 이주일 뒤에 학생에게 이메일이나 전화로 연락하여 그 일이 어떻게 진행되고 있는지 확인하도록 한다. 문제해결을 위해 스스로 상담센터에 가거나 노력을 하고 있다면 적극적인 지지를 해 주고, 만약 그런 시도를 하고 있지 않다면 다시 한 번 상담센터 방문이나 문제를 해결하려는 시도를 할 수 있도록 격려해 준다.

〈표 2-2〉 대인관계영역에서의 고민

고민	호소문제	학생이해	도움 주는 방법
대인관계가 불편하다	• 대인관계 불안과 키가 작다는 열등감을 호소	• 인간관계의 부적응, 인정 받고 무엇을 잘해야만 된다는 비합리적 사고를 가져서 대인관계에 걸림돌이 됨	• 비합리적 신념을 합리적 신념으로 바꾸어 줌 • 어릴 적 자란 환경을 물어 보고 힘들었던 일들을 공감하고 경청해 줌
가족관계가 좋지 않다	• 현재 친구들과의 관계에서 이야기를 잘하지 못함 • 자존감 저하로 건설적인 논쟁을 피하는 학생	• 문제의 뿌리가 원만치 못한 가족관계에 있는 경우가 많음을 이해 • 열등감, 수치감 등으로 마음이 그늘져 친구관계, 학교생활에 영향을 미치고 있음	• 가족관계를 받아들이는 자신의 시각을 적극적·긍정적으로 바꾸어 관점을 넓힘 • 가족관계를 개선하기 위한 구체적인 자신의 노력을 시도해 보도록 함

화술이 부족하다	• 사람들 앞에서 편안하게 이야기하지 못하고 긴장됨을 호소	• 한 사람 한 사람에게 신경을 쓰는 강박관념이 문제 • 말을 실수하면 어쩌나 하는 점, 말을 더듬고, 화제에 맞지 않는 말하기, 말을 조리 없이 횡설수설함	• 말을 잘해야 된다는 강박적인 생각을 버릴 수 있도록 편안히 대하기 • 남에게 잘 보여야 한다는 비합리적 사고를 줄이기
이성 앞에서 자신감이 없다	• 이성친구 앞에서 긴장하고 자연스러운 대화를 하지 못하며, 짝사랑을 하고 있음을 호소	• 자기 자신에 대한 자신감 부족, 자기 내부의 열등감이 문제 • 남학생은 키가 작거나 몸이 왜소한 경우, 여학생은 외모 콤플렉스가 있는 경우	• 열등감에 대한 표현이 필요 • 자기 스스로 자신을 그런 눈으로 보기 때문에 문제임을 인식시킬 필요 • 이성 앞에서 연습해 보기 과제 부여

③ 개인영역

개인영역에서 발생할 수 있는 문제는 생활습관과 관련된 어려움, 신체적 건강, 정신건강 등이 있다. 위험군 학생의 상당수는 개인영역에서 문제를 보인다. 학생들이 자발적으로 어려움을 호소하기도 하지만, 때로는 이러한 문제를 숨기기도 하므로 주의 깊게 살펴볼 필요가 있다. 앞서 살펴보았던 학업영역과 대인관계영역에서의 문제는 개인영역에서의 문제로 인하여 발생하기도 하고 악화될 수도 있다.

첫째, 생활습관과 관련된 영역에서는 학교 출석은 잘하고 있는지, 규칙적인 생활을 하는 데 어려움은 없는지, 하루에 게임을 하는 시간과 그로 인한 어려움은 없는지, 알코올 · 도박 중독 등의 문제를 파악하도록 한다.

둘째, 신체적 건강 영역에서는 만성질환이 있는지와 식욕 · 수면 등을 포함한 전반적인 신체적인 건강상태를 확인하도록 한다. 더불어 걱정되거나 염려되는 신체문제가 있는지, 그로 인하여 학교생활에서 겪는 불편함이 있는지도 확인한다.

셋째, 정신건강영역을 파악하기 위하여 스트레스, 우울, 불안 등 전반적인 정서 상태, 망상·환각 등 정신적 혼란을 동반한 심리 안정성 문제, 자살위험 등을 확인한다. 특히 자살위험에 대해서는 자살생각 정도나 구체적으로 자살을 시도한 적이 있는지를 직접적으로 확인해야 한다.

4단계(변화를 도와주기)

변화를 도와주기 위한 전략으로 WDEP 전략을 활용해 볼 수 있다. WDEP는 '원하는 것이 무엇인가?(Want)' – '무엇을 해 보았는가?(Do)' – '지금 하는 행동은 원하는 것에 도움이 되는가?(Evaluate)' – '앞으로는 무엇을 해야 할까?(Plan)'를 말한다. 이를 통해 학생은 자신이 원하는 바에 대해서 구체적으로 생각하고, 자신이 지금까지 한 것에 대해 검토할 수 있는 기회를 얻고, 문제해결 방법에 순차적으로 접근하게 된다.

Tip WDEP 전략

☑ Want
   –무엇을 하고 싶은지 생각해 볼까요?
   –어떻게 달라지면 좋을 것 같나요?

☑ Do
   –원하는 것을 얻기 위해서 어떤 것을 해 봤나요?

☑ Evaluate
   –그 행동이 원하는 것을 얻는 것에 도움이 되었나요?

☑ Plan
   –지금 행동 가능한 실천계획을 세워 봅시다.

WDEP 전략을 사용할 교수는 학생이 원하는 것이 무엇인지를 정확히 파악하는 것이 중요하다. 교수는 학생이 원하는 것이 무엇인지를 정확하게 파악할 수 있을 때 상담과정에서 무엇을 어떻게 해야 하는지를 알 수 있게 된다. 물론 학생자신도 교수와의 상담을 통해 해결하고 싶은 것이 무엇인지를 정확히 파악할수록 교수와의 상담을 통해 적절한 도움을 받을 가능성이 높아진다.

그러나 일부 학생들, 특히 낙담해 있거나 자신감이 매우 부족한 학생들은 자신이 원하는 것조차 분명하지 않은 경우가 있다. 이런 학생을 만나면 교수도 당황하게 되거나 무력해질 수 있다. 이런 경우 "기적이 일어나서 모든 일이 원하는 대로 된다면 어떤 일이 생길 것 같나요?"와 같은 질문을 통해 학생들이 원하는 것을 구체화하는 데 도움을 줄 수 있다.

학생들이 원하는 것이 구체화되면 교수는 학생들에게 그가 원하는 것을 얻기 위해 어떤 노력을 해 보았는지를 확인할 필요가 있다. 대부분의 학생은 자신이 처해 있는 어려움을 해결하기 위해 나름대로 무엇인가를 해 보게 된다. 그렇지만 그들의 노력이 문제해결에 도움이 되지 않았기 때문에 아직도 어려움을 겪고 있는 것이다. 때로는 학생들이 사용하는 문제해결을 위한 대처방안이 문제를 더 악화시키는 경우도 있다. 그렇지만 교수는 학생들의 대처방안이 적절하든 적절하지 않든지에 관계없이 그의 노력 자체에 대해 격려해 줄 필요는 있다. 만일 학생의 노력이 적절한 것이라면 그 노력을 보다 격려해 주고 지지해 주면 될 것이다. 그러나 학생의 대처방안이 적절하지 않았다면 새로운 대처방안을 마련할 수 있도록 도와줄 필요가 있다. 이때 학생의 대처방안의 적절성 여부는 그 행동이 문제해결에 얼마나 도움이 되었는지를 학생과 함께 평가함으로써 가능할 것이다. 학생의 대처방안의 적절성 여부를 평가할 때 교수 개인적 판단에 의해서 하는 것은 삼가야 한다.

다음 단계는 학생이 경험하고 있는 어려움이나 문제를 해결하기 위해 필요한 새로운 대처방안을 찾아 가는 것이다. 이 과정이 교수-학생 상담과정의 핵심일 수 있다. 이 단계에서 많은 교수들이 어려움에 빈번하게 봉착하곤 한다. 그 이유는 학생들의 어려움을 해결하는 데 필요한 방법을 교수가 자신의 지식이나 경험을 통해 제시해 주려고 하기 때문이다. 이 단계에서 교수는 학생들의 문제해결을 위해 필요한 새로운 대처방안도 이들과 함께 찾아 간다고 생각할 필요가 있다. 경우에 따라서는 교수가 잘 알고 있는 대처방안을 학생들에게 알려 줄 수도 있다. 그렇지만 보다 바람직한 것은 학생들이 그들에게 필요한 새로운 대처방안을 스스로 찾아 갈 수 있도록 돕는 것이다. 더군다나 교수도 학생들의 문제해결에 필요한 대처방안을 모르는 경우가 빈번하다. 학생들이 문제해결을 위한 새로운 대처방안을 찾아 갈 수 있도록 도와주기 위해서는 다음과 같은 방법이 있다.

첫째, '브레인스토밍(brainstorming)'을 활용하는 것이다. 브레인스토밍은 다음과 같다.

Tip 브레인스토밍(brainstorming)

① 학생들로 하여금 문제해결에 도움이 될 것이라고 생각되는 의견을 되도록 많이 제시하도록 한다. 교수가 생각하는 대안도 학생의 의견과 동일한 수준의 의견으로 제시할 수 있다.

② 여러 가지 의견이 다 제시되기 전까지는 어떤 의견에 대한 비판, 평가, 논평 등을 하지 않는다.

③ 가능성이 희박한 의견이라도 이를 토대로 하여 다른 의견이 나올 수 있기 때문에 장려되어야 한다.

④ 여러 가지 의견이 다 제시되면, 가장 쓸모 있는 의견이 될 수 있도록 제시된 의견을 다듬어 조합한다.

⑤ 의견들에 대한 조합과 분류가 끝난 다음에는 쓸모가 적으며 실용적이지 못하거나 실행할 수 없는 의견, 바람직하지 못한 의견들을 제외시켜 나간다.

⑥ 최종적으로 남아 있는 의견을 토대로 해서 문제를 가장 잘 해결할 수 있는 대안이 어떤 것인지를 생각한다.

둘째, '예외기법'을 활용하는 것이다. '예외기법'에서의 '예외'는 학생들이 경험하고 있는 문제나 어려움이 없거나 보다 경미하게 나타난 상황을 의미한다. 예를 들어, 낮은 성적으로 고민하는 학생의 대처방안을 찾아 가는 방법 중에 비교적 성적이 높은 과목은 그 학생에게는 '예외'이다. 부모와 갈등하는 학생들에게는 부모와 갈등이 없거나 비교적 적은 갈등 상황이 '예외'이다.

교수는 학생들이 겪고 있는 어려움의 예외를 확인해 볼 수 있다. 낮은 성적으로 고민하는 학생은 비교적 좋은 성적을 유지하는 과목을 확인하고 그 과목을 공부하는 방법, 수업에 임하는 자세 등을 확인하게 되면 성적이 낮은 과목에 대응할 수 있는 새로운 학습방법을 찾아 갈 수 있게 된다. 부모와 갈등하고 있는 학생이라면 갈등이 없거나 갈등 정도가 매우 낮은 상황에서 학생이 보이는 행동양식을 알아볼 수 있다. 갈등이 적거나 없는 경우에는 갈등을 줄이거나 없애는 데 도움이 되는 학생의 행동양식이 있을 수 있다. 그 행동양식을 다른 갈등 상황에서 사용할 수 있도록 돕는 것이 보다 수월하고 효과도 좋은 대안을 마련하는 방법이다.

교우관계나 이성친구 문제로 고민하는 학생의 경우에도 관계를 개선하는 데 필요한 새로운 대안을 찾기 위해, 이들 간의 문제가 비교적 적게 나타나거나 아예 나타나지 않았을 경우를 생각해 보게 한다. 또는 좋은 관계를 유지하고 있는 다른 친구들과의 관계에서 학생이 어떤 행동을 어떻게 했는지를 알아보면 갈등하고 있는 친구들과의 문제를 해결하는 데 도움이 되는 새로운 대안을 찾을 수 있다. 즉, 갈등이 적거나 좋은 관계를 맺고 있는 친구들에게 하는 행동을 갈등이 많은 친구들과의 관계에서 사용할 수 있도록 돕는 것이다. 이것이 '예외'를 활용하여 문제해결에 필요한 새로운 대안을 찾아 갈 수 있는 상담의 한 방법이다.

5단계(마무리하기)

상담이 진행된 후 학생의 표정을 보면 마무리 시점을 알 수 있다. 학생이 하고
싶은 이야기를 충분히 하였고, 의문점이나 긴장감이 어느 정도 해소되었다면
상담은 성공적이라 할 수 있다. 오늘 이야기하면서 무엇을 느꼈는지, 알게 된 것
은 무엇인지 등을 확인하고, 교수가 생각한 것, 학생의 장점 및 자원 등에 대해
서 간단히 이야기해 준다. 학생이 언제라도 다시 올 수 있음을 알려 주고, 만약
학생이 이야기하는 주제가 교수가 다루기 어려운 주제(지나치게 불안하거나 우울
해 보일 때, 죽고 싶을 정도로 힘들다고 하소연할 때, 이야기를 알아들을 수 없을 정도
로 횡설수설할 때)라면 교내의 학생상담센터를 권유할 수 있다.

> **Tip 마무리하기**
>
> - 교수: 마칠 시간이 됐네요. 짧은 시간이었지만 이야기하면서 어땠는지 잠깐 얘
>   기해 볼까요?
> - 학생: 처음에는 좀 어색하고 그랬는데, 앞으로 어떻게 노력하면 좋을지 조금 감
>   을 잡은 것 같습니다.
> - 교수: 도움이 되었다니 다행이네요. 도움을 청할 일이 있으면 언제든 연락하고
>   시간을 정해서 만나도록 해요.

만남을 위한 상담기법

경청하기

상담에서는 학생이 갖고 있는 주제를 지속적으로 잘 이끌어 가면서 대화를
해야 한다. 이는 잘 들어야만 가능한 것이다. 학생이 중요하게 생각하는 부분이

무엇인지 정확히 파악하고 필요한 질문을 할 수 있도록 잘 들어야 한다. 잘 들어야만 학생의 현재 마음상태와 교수에게 전하고자 하는 바가 무엇인지 정확히 이해할 수 있다.

학생의 이야기를 잘 듣기 위해서는 언어적인 내용뿐 아니라 비언어적인 행동도 고려해야 한다. 비언어적인 행동에는 표정, 말할 때의 태도, 눈맞춤, 상담 중의 태도 등이 포함된다. 학생이 말하는 내용과 얼굴 표정이 일치되는지를 살펴야 하고, 일치되지 않는다면 좀 더 깊이 있는 관찰이나 탐색이 필요하다.

학생은 교수가 시간을 내어 자신의 이야기를 집중해서 들어 준다는 사실만으로도 감동받을 수 있다. 학생의 이야기를 경청하면서 고개를 끄덕이거나 "음." "그랬군요." "그래서 어떻게 되었나요?" 등의 반응을 적절히 보이도록 한다.

Tip 경청하기

☑ 대화 중에 가르치려는 마음을 버린다.

☑ 비판하지 않는다.

☑ 감정을 듣는다.

☑ 속뜻을 파악하려는 자세로 듣는다.

☑ 말하는 도중에 자르지 않는다.

탐색적 질문하기

탐색적 질문은 학생을 이해하는 데 필요한 정보를 얻거나 학생의 사고, 느낌, 말하는 내용을 분명히 하기 위한 질문을 말한다. 가능하면 개방형 질문을 통해 학생이 자신의 이야기를 마음껏 할 수 있도록 하는 것이 좋다. '왜'라는 질문은 학생이 자신의 잘못을 지적하거나 비난하려는 시도로 받아들일 수 있기 때문에 가급적이면 사용하지 않는 것이 좋다. "왜 지각했나요?"보다는 "무슨 일이 있어서 학교에 늦었군요. 어떤 사정이 있었나요?"라고 질문하는 것이 더 효과적일 수 있다.

〈표 2-3〉 탐색적 질문의 유형

질문 유형	효과	예시
개방적 질문	학생이 의견을 표현할 수 있도록 조장	• 학교생활에 대해서 좀 더 이야기해 볼까요? • 내 이야기에 대해서 어떻게 생각하나요?
폐쇄적 질문	"예." "아니요."의 단답형 조장	• 공부를 몇 시간 하나요? • 학점이 나쁘다는 말인가요?

Tip 탐색적 질문하기

☑ 한 번에 한 가지씩 질문한다.
☑ 되도록 간결하고 명확하게 질문한다.
☑ 가능하면 개방형 질문을 사용한다.
☑ 질문을 하고 잠시 멈춘 후, 학생의 대답이 끝날 때까지 기다린다.
☑ 필요한 정보를 얻기 위한 질문만 한다.
☑ '왜'로 시작하는 질문은 피한다.

공감하기

공감은 말하는 사람의 이야기를 듣고 그 마음을 헤아려 같이 느껴 보는 것이다. 동감과 달리 공감은 비록 학생이 하는 이야기에 동의하지 않더라도 감정을 반영해 줄 수 있다. 이때 너무 상투적인 반응을 보이지 않도록 주의하고, 억지로 하지 않도록 해야 한다. 공감을 통해 학생들의 마음은 더 많이 열리게 되고, 스스로가 자신을 탐색할 수 있는 기회를 가질 수 있다. 또한 공감은 다시 시작할 수 있는 용기를 주며, 자신에 대한 지적도 기꺼이 받아들일 수 있는 힘을 준다.

　　학생들이 교수의 지적이나 훈계를 일방적이라고 느끼는 이유는 학생 자신의 입장에 대해서 교수가 잘 알지 못한다고 생각하기 때문이다. 공감을 통해서 학생의 입장을 이해하고 있다는 것이 충분히 전달되면 지적이나 조언을 긍정적으로 받아들일 수 있고 다시 시작할 수 있는 용기도 얻을 수 있다.

🔅Tip 공감하기

- 교수: ○○이는 주로 혼자 다니는 것 같더군요.
- 학생: 그런 것 같아요. 어쩌다 보니 마음 놓고 이야기할 만한 애들이 별로 없네요.
- 교수: 마음 터놓고 얘기할 만한 친구가 없어서 외롭겠네요.
- 학생: 네, 좀 그러네요.
- 교수: ○○이가 장점이 많으니 좀 더 적극적으로 다가서면 친구들도 ○○이를 가까이 하게 될 것 같아요.
- 학생: 네, 교수님. 그렇겠네요. 제가 그동안 다가올 때만 기다리고 있었던 것 같은데, 이제부터는 적극적으로 친구들을 사귀도록 해 봐야겠어요.

정보 제공하기

　　학생이 교수를 찾아왔을 때 주로 원하는 것이 조언이거나 정보일 때가 많다. 분야별로 다양한 정보원을 알려 줄 수 있도록 준비한다면 상담의 만족도가 높아질 것이다. 교수가 판단하기에 학생이 기본적인 정보조차도 모르고 있다고 하더라도 나무라듯이 대하기보다는 이해하는 마음으로 대하는 것이 좋다. 특히 학생에게 도움이 되는 정보를 제공하기 위해서는 학교 행정 및 교과와 관련된 다양한 정보를 미리 알고 있는 것이 중요하다.

Tip 정보 제공하기

- ✓ 학생의 상황과 관련된 정보만을 제공한다.
- ✓ 학생에게 묘하게 압력을 가하는 방법으로 정보를 제공하지 않도록 주의한다.
- ✓ 한꺼번에 많은 정보를 제공하는 것은 오히려 혼란스럽다.
- ✓ 교수의 가치관이나 판단이 개입된 정보 제공은 지양한다.
- ✓ 정보 제공 도중 충고나 비난을 하지 않도록 한다.
- ✓ 예) ○○기업에 관심이 있다고 했죠? 지금 인턴을 공개모집하는 중이니 취업 진로처에서 확인할 수 있어요.

자기 개방하기

학생들이 겪는 어려움이 교수가 이전에 겪었던 것과 유사한 것일 때는 적절한 수준의 자기 개방도 도움이 된다. 자기 개방의 주제는 비슷한 종류의 어려움이지만, 지금은 성공적으로 극복한 것일수록 효과적이다. 교수가 비슷한 어려움을 겪었다는 것을 알게 되면 학생은 큰 힘을 얻을 수 있다. 이때 주의할 점은 주인공이 학생이 아니라 교수가 될 수 있으므로, 어느 정도 이야기가 끝나면 학생이 주인공이 되도록 방향을 잡아야 한다.

Tip 자기 개방하기

- ✓ 학생의 현재 문제를 조력하는 데 도움이 될 때만 한다.
- ✓ 훈계하거나 조언하는 식으로 길어지는 자기 개방은 대부분 효과가 없음을 명심한다.
- ✓ 말이 너무 길어지지 않도록 유의한다.
- ✓ 예) 나도 제대 후 복학해 보니 아는 사람들도 별로 없고, 후배들을 리드할 자신도 없어서 주로 혼자 지냈던 적이 있어요.

직면하기

상담은 공감하고 잘 들어 주는 것만이 전부는 아니다. 학생은 자신의 문제에 몰두해 있어 정작 자기의 문제에 대해서는 잘 모를 수가 있다. 교수의 눈에 보이는 학생의 특성이나 단점 등을 정확히 알려 줄 필요도 있다. 그러나 직면은 양날의 칼과 같아서 충분한 관계가 잘 형성된 뒤에 하는 것이 바람직하다. 충분한 관계가 형성되지 않은 상태에서 직면하게 되면 학생은 그 의도를 오해하게 되어서 목적한 바를 이룰 수 없으므로 주의해야 한다.

> 💡Tip 직면하기
>
> ☑ 직면하기 전에 자문해 볼 것
> −이런 말을 할 수 있을 만큼 이 학생과의 관계가 돈독한가?
> −직면이 이 학생에게 도움이 될까?
> −내가 이렇게 말하려는 의도가 뭘까?
> ☑ 예) □□은 △△와 만나면 불편하다고 하면서 먼저 연락을 하네요.

명료화하기

학생이 생각하고 느끼는 것을 맥락 속에서 잘 이해하기 위해서 학생이 말한 내용의 의미를 좀 더 명확하게 확인하는 것이 필요하다. 의미를 명확하게 확인하기 위해 좀 더 구체적인 예나 상황을 설명해 달라고 요구할 수 있다.

> 💡Tip 명료화하기
>
> ☑ 좀 더 구체적인 예를 들어 줄 수 있을까요?

☑ 스스로에 대해서 자신이 없다고 생각하네요. ○○이는 스스로가 부족한 점이 뭐라고 생각하나요?

☑ 장래에 뚜렷한 비전도 없이 적성에 맞지 않는 전공을 하고 있다고 생각하는 모양이군요.

☑ 공무원 시험을 보기로 결정했다는 말이죠. 그럼 구체적으로 어떤 준비를 해야 할지 하나씩 생각해 보기로 할까요?

요약하기

요약하기는 공통적인 주제와 유형에 대해 밝히고, 두서없는 이야기를 정리하여 상담을 진행하는 것을 목적으로 한다. 상담하는 과정 동안 대화하였던 내용을 종합할 필요가 있다. 상담을 통해서 해결된 부분과 그렇지 못한 부분, 앞으로 하기로 약속한 것 등을 구체화하도록 한다.

💡Tip 요약하기

[상담을 시작할 때]

• 교수: 지난번에 만났을 때, ○○이는 시간관리가 잘 안 된다고 해서 한 주 동안 수업에 빠지지 않기, 게임시간 조정하기를 지켜 보기로 약속했는데 기억하나요?

[상담과정 중]

• 학생: 영어는 요즘 필수라서 영어학원을 다니려고 해요. 그린데 요즘 요리가 뜨고 있어서 배워 볼까 싶어요. 제가 정말 잘할 수 있을지는 걱정되지만요. 어릴 때에는 그림을 좋아해서 그림도 배워 보고 싶은데, 그러려면 학교를 바꾸어야 할 것 같아요.

• 교수: ○○이는 하고 싶은 것을 찾기 위해서 영어도 배우고, 요리도 배우고, 그림도 배워 보고 싶다는 말이군요.

> **[상담을 마칠 때]**
> • 교수: ○○이는 하고 싶은 것이 너무 많아서 어떤 것을 해야 될지 모르겠다고 얘기했고, 어떤 것이 지금 제일 필요한 것인지에 대해서 탐색해 봤어요. 그럼, 한 주 동안 오늘 찾은 것을 구체화할 수 있는 방법에 대해 찾아서 정리해 보도록 해요.

비밀 보장하기

상담의 기본은 비밀 보장이다. 교수에게 상담을 요청하는 대부분의 학생은 비밀이 보장될 것이라고 믿고 있지만, 때로는 비밀 보장에 대해서 불안해하는 학생도 있다. 그러한 학생들을 위해 비밀 보장에 대해서 확신시켜 주는 것이 도움이 된다.

그러나 '자살'과 '남을 해치겠다'고 하는 경우에는 비밀 보장이 되지 않으며, 이를 사전에 학생에게 고지하도록 한다. 이럴 경우에는 반드시 부모에게 알려야 하고 조치를 취하도록 해야 한다. 이런 학생의 경우에는 교내 학생상담센터에 내방하도록 권유하고, 상담센터에 직접 연락하여 연계될 수 있도록 한다.

주의할 점

학생과 대화할 때는 지나치게 평가적이거나 비난의 느낌을 주지 않도록 하고, 인격적으로 모욕감을 주지 않도록 주의해야 한다. 지금까지 학생들에게 비난이나 모욕감을 느끼게 하지는 않았는지 생각해 볼 필요가 있다. 학생들의 입장에서 볼 때 교수님께 지적받은 내용이 사실이라면 본인도 인정할 수밖에 없을 테지만, 확대해석해서 지적을 받거나 왜 그런지 이유도 모른 채 혼이 났다면 어리둥절하거나 감정적으로 불쾌하게 느낄 수 있다. 교수는 학생이 비난받거나 일방적으로 혼난다는 느낌을 갖지 않도록 하면서 학생들에게 바람직한 제안을 하는 것이 좋다.

기타 상담방법

사이버상담

사이버상담은 개인상담과 같이 면대면 상담이 아닌 이메일, SNS(Social Network Service), 홈페이지 게시판 등을 통해 가상공간에서 이루어지는 상담을 뜻한다. 사이버상담은 시간과 공간의 제약을 극복할 수 있다는 장점은 있으나, 컴퓨터 화면으로 보이는 문자나 그림을 통해서만 학생과 의사소통을 해야 한다는 제한이 있다. 사이버상담은 면대면 상담과 목적은 동일하지만 매체가 다르므로 미디어 문화에 대해 이해할 필요가 있다.

사이버상담에서 명심할 것은 24시간 이내에 답변을 해야 한다는 것이다. 이때 정보 제공적 상담과 감정반영 상담을 구분하여 답변할 필요가 있다. 정보 제공적 상담은 환영－질문 구체화－정보 안내－환영의 과정으로 답변하고, 감정반영의 상담은 공감－확인－수용－조언의 과정으로 답변하도록 한다.

Tip 사이버상담

[정보 제공적 상담과정(환영-질문 구체화-정보 안내-환영)]
- 학생: 2학년에 재학 중인 ○○○입니다. 인턴십 프로그램에 참여하고 싶은데 어떻게 해야 하는지 모르겠습니다. 구체적인 방법을 알려 주시면 좋겠습니다.
- 교수: 반갑습니다. ○○는 인턴십 프로그램에 대해 관심을 가지고 있군요. 학과에서 연계되는 인턴십 프로그램은 대부분 3학년부터 가능합니다. 학과사

무실 앞 게시판과 홈페이지에 공고가 나니 확인하길 바랍니다. 학교 홈페이지에서도 다양한 인턴십 프로그램과 취업 관련 프로그램이 안내되고 있으니 참고하면 많은 정보를 얻을 수 있습니다. 학교 홈페이지를 확인해 보니 현재 ○○이가 참여할 수 있는 취업 관련 프로그램에는 **이 있네요. 참여할 수 있는 방법은 취업진로처에서 확인 가능합니다. 더 궁금한 사항이 있다면 언제든지 환영하니 다시 메일 주길 바랍니다. 좋은 하루 되길 바랍니다.

[감정반영의 상담과정(공감-확인-수용-조언)]

• 학생: 저는 교수님의 물리학 개론 수업을 듣는 ○○○입니다. 수업에 한 번도 결석하거나 지각한 적이 없습니다. 나름대로 열심히 공부를 하는데도 학점이 좋지 않아서 괴롭습니다. 뭐가 잘못되었을까요?

• 교수: 반갑습니다. ○○는 나름대로 공부를 열심히 했는데, 학점이 좋지가 않아서 많이 실망스러운 마음이 충분히 이해가 됩니다. ○○의 평소 수업에서 대답한 모습과 과제나 시험지를 확인해 보면 기본개념에 대한 이해가 다소 부족한 것으로 보입니다. 열심히 공부하고 좋은 학점을 받고 싶은 마음과 성실하게 수업에 참여하느라 한 번도 지각이나 결석을 하지 않은 것은 칭찬받을 만합니다. 기본개념에 도움이 되는 도서로는 *** 등이 있습니다. 언제 연구실로 한번 방문하여 만나서 이야기할 수 있으면 좋겠어요.

이메일 상담

컴퓨터 사용이 보편화되면서 이메일로 의견을 교환하는 경우가 많아졌고, 학생들도 이메일을 통해 교수에게 상담을 요청하는 경우가 늘어나고 있다. 이메일 상담은 준비단계-쓰기단계-마무리단계로 이루어진다.

① 준비단계

이메일 상담의 준비단계에서는 상담을 요구한 학생의 입장에서 보내온 글을 읽어 보고, 도움받기 원하는 내용의 요지를 정리한 후, 어떤 내용을 쓸 것인지 브레인스토밍한다.

- 상담을 의뢰한 학생의 입장에서 보내온 글 읽어 보기
- 도움받고자 하는 내용의 요지 정리해 보기
- 쓸 내용에 대한 브레인스토밍하기

② 쓰기단계

이메일의 내용을 어떻게 쓰는가 하는 것은 개인의 취향에 따라 달라질 수 있으나 일반적으로 다음의 내용으로 구성하여 쓰는 것이 무난하다. 거두절미하고 본론만 간단히 쓰는 것보다는 성의 있는 답변을 받았다고 느낄 수 있도록 하는 것이 중요하다.

- 인사와 학생에 대한 격려, 공감
- 도움을 청한 내용에 대한 답변(필요시 전문상담기관에 대한 안내)
- 희망 주기와 인사

③ 마무리단계

작성한 글을 학생의 입장에서 다시 읽어 보며 표현이 어색하거나 뜻이 애매한 부분을 고치도록 한다.

앞서 제시한 과정이 복잡해 보여서 '이렇게 하다가 언제 학생 한 명 한 명에게 답변을 해 주나……' 하는 마음이 들 수도 있다. 그러나 우리는 이미 이와 같은 절차로(준비-쓰기-마무리) 메일을 쓰고 있다. 보내온 글을 읽으면서 '이런 내용이구나.' 하고 요지를 파악하고, 잠시 동안 어떻게 쓸지 생각한 다음(준비단계) 메일을 작성한다. 글을 쓰는 것은 개인의 스타일에 따라 다르겠지만 대체로

첫인사와 끝인사를 하고 중간에 본론을 쓴다. 이메일 상담은 여기에 격려나 공감의 내용을 포함하는 것이고, 도움을 받을 수 있는 다른 곳이 있다면 안내해 주는 것이다(쓰기단계). 마지막으로 전체 글을 읽으면서 오자와 탈자를 수정하고 글을 보다 매끄럽게 다듬도록 한다(마무리단계).

그룹형 상담

교수 혼자서 많은 학생을 매번 일대일로 상담하는 것이 시간적으로 어려울 경우에는 그룹 형태로 진행해 볼 수 있다. 학과 단위의 MT나 오리엔테이션 혹은 학과 행사 등에서 자연스럽고 편안하게 활용할 수 있다.

① 모든 학생이 서로 얼굴을 잘 볼 수 있도록 앉는다. 원의 형태로 앉는 것이 그룹형 상담의 일반적인 형태이다.

② 처음 시작할 때는 서로 서먹하여 침묵이 흐르게 되므로, 교수가 먼저 인사말을 시작하도록 한다.

> 예) 만나서 반갑습니다. 저는 ○○○입니다. 여러분이 어떤 학생들인지 알고 싶고 궁금한 것이 참 많습니다. 여러분은 어떤지 모르겠네요. 앞으로 두 시간 동안 나와 여러분이 함께 학교생활에 대한 것도 좋고, 서로 궁금하거나 알고 싶은 것들에 대해서 이야기해 보도록 합시다.

③ 인사말이 끝나면 각자 서로 소개하는 시간을 가지도록 한다. 서로 소개하는 방법에 대한 것은 61쪽(처음 모임에서 서로 소개하는 방법)에 소개하였고, 활동지는 부록 2에 제시하였으니 활용하기 바란다.

④ 서로에 대한 소개가 끝났으면, 62쪽(서로를 더 잘 이해하기 위한 활동)에 소개한 서로를 잘 이해하기 위한 활동이나 학생들의 자기이해를 돕기 위한 활동을 통하여 그룹형 상담을 진행한다.

⑤ 그룹형 상담을 마무리할 때는 서로 소감 한마디씩을 말할 수 있도록 하고, 참여자들과 좋은 관계를 맺을 수 있도록 격려한다.

> 예) 어느새 두 시간이 훌쩍 지나갔네요. 처음엔 서로 서먹했는데, 이렇게 이야기를 하다 보니 시간이 부족하다고 느꼈을 겁니다. 이번 시간을 통해 여러분을 알게 되고 이해한 시간이라 좋았습니다. 여러분 한 사람 한 사람에게 기대감도 생겼고, 교내에서 자주 만날 수 있었으면 좋겠네요. 여러분은 어땠는지 각자 소감 한마디씩 하고 마무리하죠.

- 소감을 모두 이야기하고 나면:

> 예) 오늘 여러분을 만나서 반가웠습니다. 여러분 스스로 어떻게 대학생활을 할 것인지 계획하는 데 도움이 되었기를 바라고, 다른 참여자들과도 서로 좋은 관계를 맺을 수 있는 계기가 되었기를 바랍니다.

Tip 그룹형 상담 시 유의할 점

- ✓ 학생들 이름을 기억하도록 한다. 자신을 기억해 준다는 느낌을 가질 때 심리적 안정감을 느끼게 된다.
- ✓ 침묵이 흐를 때 분위기를 풀어 나갈 수 있도록 하고, 유머를 적절히 활용한다. 예) 모두들 무슨 얘기를 할까 생각하는 모양이네요. 각자 무슨 생각을 하고 있는지 고도리 방향으로 돌아가면서 얘기해 볼까요?
- ✓ 학생 모두에게 시간이 고루 분배될 수 있도록 한다.
- ✓ 따뜻하고 수용적이면서도 개방적인 태도를 유지한다.
- ✓ 그룹형 상담이 어려운 학생일 경우 개인상담을 유도한다.
- ✓ 비난이나 칭찬과 같이 상대방을 평가하는 말은 가급적이면 사용하지 않는다.

그룹형 상담 실제 방법

① 처음 모임에서 서로 소개하는 방법

서로 잘 모르는 학생들이 처음 모였거나 그룹형 상담이 처음 시작될 때 교수가 학생들 간의 서먹한 느낌을 없애고, 학생들의 긴장을 푸는 데 활용하면 좋다. 처음 만난 학생들 간에도 보다 편안하고 재미있게 서로를 알아 갈 수 있다.

- 우째 좀 난처하네요

  그룹형 상담이 시작되는 초기에 서먹함을 풀어 주고 빨리 친해질 수 있도록 ice-breaking을 위해 사용하는 방법이다. 모두 일어나서 아무나에게 다가가 부록 1의 활동지에 있는 문제 중 하나를 제시하고 해결하면 그 사람의 사인을 받는다. 상대가 다소 난처해질 수 있는 문제를 해결하면서 서먹했던 분위기가 해소될 수 있다.

- 짝지어 소개하기

  두 사람이 짝을 짓는다. 먼저, 파트너끼리 인사를 한 뒤 서로에 대해 어느 정도 알게 되면 집단에 서로의 파트너를 소개하는 방법이다. 이때 교수가 서로 질문할 내용이나 화제(가족관계, 취미, 성격 등)를 미리 정해 주는 것도 좋다. 부록 2의 활동지를 참고하여 사용할 수 있다.

- 알고 있는 것과 알고 싶은 것

  '내가 알고 있는 것'과 '내가 알고 싶은 것'이라는 제목이 붙은 종이나 포스터를 벽에 붙여 둔다. 학생들은 말없이 방 안을 돌면서 종이에 자신의 관심사를 적는다. 적은 내용에 대해서 의견을 서로 나누며 자연스럽게 대화를 이끌어 간다.

② 서로를 더 잘 이해하기 위한 활동(친밀감 형성 활동)

학생들 간에 미리 서로 알고 있지만, 소그룹 상담을 통해서 조금 더 서로를 이해하고 친밀감을 형성하는 데 도움이 되는 활동이다.

- 더 깊이 이해하기

  우선 학생들을 4인 1조로 구성하고, 5분의 시간을 준다. 첫 3분은 '자신이 어떻게 현재 여기까지 오게 되었는지'에 대해 이야기하도록 한다. 1분은 자신이 가장 행복했던 순간에 대해 묘사하도록 하고, 마지막 1분은 다른 친구들에게 질문을 받고 답하는 데 사용한다. 물론, 이때 교수 역시 학생들과의 유대를 증진시키기 위해서 함께 참여하면서 시범을 보일 수도 있다.

- 멀고도 험한 행로

  출생부터 지금까지 각 연령대마다 힘들었고 행복했던 정도에 따라 −10점에서 10점까지 평가해 보게 하는 것으로 활동지는 부록 3에 제시하였다. 그래프로 나타내 보고 돌아가면서 이에 대한 설명을 한다. 집단원들은 힘들었거나 슬픈 일에 대해서는 위로와 격려를 해 주고, 즐겁고 행복했던 기억에 대해서는 함께 기쁨을 나누는 시간을 갖는다. 단, 다른 학생들 앞에서 털어놓기 어려운 정도의 아픈 기억이나 상처에 대해서는 굳이 밝히지 않아도 좋다는 것을 먼저 말해 줌으로써 부담을 주지 않는 것이 좋다.

③ 학생들의 자기이해를 돕기 위한 활동

학생들이 서로 간의 피드백을 통해서 자신의 강점, 가치관을 이해하고 자신을 좀 더 객관적으로 받아들이는 데 도움이 되는 활동들이다.

- 장점 카드 선물받기(부록 4)

  각 학생을 위한 카드를 미리 준비한다. 즉, 학생이 5명이라면 1명당 4(학생

수−1)장씩 가질 수 있도록 20장을 준비하고, 5명에게 4장씩 나누어 준다. 그리고 상담에 참석한 친구들의 이름을 각 카드에 적고, 이름이 적힌 각 카드에 그 친구의 장점을 적도록 한다. 다 적은 후 장점이 적힌 카드는 본인에게 돌려주어 본인이 받은 피드백을 먼저 볼 수 있도록 하고, 친구들에게 자신이 느낀 점을 발표한다.

• 질문추첨(부록 5)

학생들에게 그룹형 상담에서 하고 싶은 이야기를 질문 형식으로 작성하게 한다. 작성한 종이를 박스 안에 넣은 다음 한 명씩 돌아가며 종이를 꺼내서 적힌 질문에 답을 한다. 답을 하고 나면 나머지 학생들은 그에 대한 질문을 하고 피드백을 하면서 다양한 주제를 통해 서로를 알아 가고 이해할 수 있다.

④ 공감대 형성을 위한 소그룹 활동

학생들을 상담하다 보면 서로 비슷한 시기에 비슷한 주제로 고민하고 있거나 공통의 관심사를 갖고 있는 경우가 많다. 소그룹 활동에서는 학생 각자에게 고민이나 걱정거리들을 미리 적어 오게 하고 상담을 진행하면 학생들 간에 공감대를 형성하면서 시간적으로도 효율적으로 상담을 이끌어 갈 수 있다(부록 6).

• 그룹형 상담 전에 학생들에게 자신이 상담하고 싶거나 현재 고민하고 있는 주제를 쪽지에 간단히 적어 오도록 한다.

• 쪽지를 바구니나 상자 안에 넣고 학생들이 돌아가면서 접혀 있는 쪽지를 하나씩 꺼내어 소개한다.

• 읽은 쪽지 내용에 대해서 본인도 유사한 경험이 있지는 않은지, 어떻게 생각하는지에 대해서 의견을 교환한다. 물론 필요시 그 내용을 적은 사람이 자신의 원래 생각이나 상황을 좀 더 구체적으로 소개할 수 있다.

- 다른 사람들의 고민과 걱정에 대한 생각과 느낌을 나누면서, 자신과 비슷한 고민을 가지고 있는 친구가 있을 경우 공감대를 형성하며 대화가 진행될 수 있다. 학생들은 간접적으로라도 친구들이 겪고 있는 어려움이나 고민을 이해하고 서로 위로나 해결방안을 모색하는 가운데 긍정적 경험을 할 수 있다.

- 교수의 역할은 무엇보다 그룹의 분위기가 긍정적이 될 수 있도록 잘 조정해야 한다. 서로 비난하거나 상처를 줄 수 있는 내용은 삼가도록 처음에 약속을 하고 시작하는 것이 필요하다.

학생들은 무엇을
고민하는가
-소통의 장(場)-

대 학생들은 어떤 고민들을 하고 있을까? 학생들이 대체로 겪는 어려움을 학업문제, 진로문제, 대인관계문제 등으로 나눌 수 있을 것이다. 하지만 이 밖에도 학생들이 겪는 어려움은 무궁무진하다. 담당교수로서 이 모든 어려움에 개입해야 하는 것은 아니다. 그러나 그러한 어려움에 방치된 채 속앓이를 하고 있는 대상들을 발견하고 도움의 손길을 주는 것은 가능할 것이다. 이 장에서는 학생들에 대하여 전반적인 평가를 해 보고 각 문제영역에서 어려움을 겪는 사례를 통하여 실제 개입 시 어떤 점을 고려해야 할지에 대해 알아보려고 한다. 또한 특수성을 가진 학생에 대한 개입에 도움이 되고자 한다.

학생과의 첫 만남

앞서 학생 상담을 어떤 절차를 통하여 진행하면 되는지에 대해 알아보았다면, 이 장에서는 학생들을 직접 만났을 때 어떻게 대화를 효과적으로 나눌 수 있는지에 대해서 알아보려고 한다. 학생들은 겉으로 보이는 모습과 달리 여러 어려움을 겪고 있지만, 그러한 어려움을 쉽게 드러내는 학생이 있는가 하면 자신의 어려움을 표현하기 힘들어하는 학생들도 있다. 이뿐만 아니라 학교생활에서의 어려움이 어디에서 기인하고 있는지 스스로 명확하게 인식하지 못하는 학생들도 있다. 그러한 학생들이 가진 다양한 측면의 어려움을 첫 면담을 통하여 어떻게 구체적으로 탐색하고 그에 꼭 맞는 개입을 할 수 있는지 알아보자.

학생이 가진 문제를 속단하거나 단정 짓지 않는다

학생들은 처음 교수와 대면을 하는 경우 긴장하거나 어려워할 수 있다. 평소 말을 잘하던 학생도 교수님의 권위에 기가 죽어 급격하게 말수가 줄어들거나 말을 조심하게 된다. 그런 경우 학생은 자신의 의사를 자유롭게 전달하기보다 빨리 그 상황에서 벗어나기 위해 형식적인 대답을 할 수 있고, 교수는 '이 학생은 별로 어려움이 없구나.' 하고 속단하기에 이를 수 있다. 자신의 개인적인 이야기를 친분이 없는 대상에게 자유롭게 이야기할 수 있는 사람은 그리 많지 않다. 이 점을 꼭 유념하여 학생들이 자신의 어려움을 호소하지 않거나 자신의 어려움을 한 가지 문제로 국한하여 이야기할 때 학생이 하는 말을 통해 속단하거나 단정 짓지 말아야 한다. 이는 학생에 대한 깊이 있는 이해를 방해할 수 있기 때문이다. 다음은 학습문제라고 단정 지은 경우이다.

학습문제라고 단정 짓는 경우
교수: 반갑습니다. 학교에서 이런저런 일들이 많이 있을 텐데 혹시 어려운 점은 없나요?
학생: 아…… 네…… 저는 사실 학습을 따라가기 어려운 것 말곤 별로 힘든 건 없어요.
교수: 그래요? 그럼 선행학습을 하거나 선배님께 조언을 구하는 것도 방법이 되겠네요. 학습은 항상 예습과 복습을 통한 자기 수행의 반복이라는 것 명심해요.   단정에 따른 섣부른 대안 제시
학생: 아…… 네…… 감사합니다. 유념하겠습니다.

이 경우는 학생이 가진 학습부진을 교수의 입장에서 선행학습과 반복학습의 부재로 단정 짓고 문제에 대한 섣부른 판단과 조언을 한 경우이다. 물론 이런

경우도 있을 수 있으나, 이러한 조언은 그 대상의 고유한 어려움에 대한 도움을 얻었다는 인상보다는 천편일률적인 답을 듣고 나왔다는 인상을 줄 수 있다. 개방형 질문을 통해 더욱 확산된 정보탐색으로 학생이 가진 문제에 대하여 다각적인 접근이 필요하다. 다음은 학생들의 어려움을 단정 짓고 섣부른 조언을 한 앞의 경우와 달리 개방형 질문을 통하여 학생이 가진 어려움을 보다 구체화한 경우이다.

학생이 가진 어려움을 보다 구체화한 경우

학생: 저는 학습을 따라가기 어려운 것 말고는 별로 힘든 건 없어요.

교수: 학습을 어떻게 따라가기가 어렵나요? 　개방형 질문

학생: 부끄럽지만…… 그냥 집중이 잘되지 않아서 항상 조금 공부를 하다 보면 딴 생각을 하게 돼요.

교수: 공부를 하는 시간에 딴생각을 한다는 게 부끄럽게 느껴졌나 보네요. 　반영
　　　가끔 이런저런 생각이 많아서 집중을 방해받는 경우가 생기기도 합니다. 혹시 최근에 고민거리가 생겼나요? 　문제 시점 확인

학생: 아…… 네…… 좀 개인적인 문제라 교수님께 말씀드리기가 조심스러워서…….

교수: 개인적인 문제를 드러내기 어려워하는 마음은 충분히 이해합니다. 　공감　하지만 그 문제로 인해서 학습에 몰입하는 데 방해를 받고 있다니 많이 힘들겠어요. 그 문제로 힘들어한다니 도움을 주고 싶은데 개인적인 이야기를 나에게 하기가 어려운 이유를 물어봐도 될까요? 　방해요소 탐색

학생: 교수님께서 저를 어떻게 생각하실지 잘 모르겠어서 조심스러워요.

교수: 내가 좀 어려울 수 있어요. 하지만 나는 학생을 판단하고 인성을 평가하기 위해 만남을 하는 것이 아니라 학생이 가진 어려움에 딱 맞는 도움을 주려고 만나자고 한 것이니 편하게 이야기해도 된답니다. 　방해요소 제거

이와 같은 경우는 개방형 질문을 통하여 학생이 가진 어려움을 구체화하여 질문하고 학생이 교수님과의 만남에서 말하기 어려워하는 이유에 대해서도 반영과 공감을 통하여 편안하게 대화로 탐색이 된 경우이다. 학생들이 가진 어려움을 직접적으로 질문하여 묻는 것보다 학생들이 그 상황에서 말하는 것을 무엇때문에 어려워하는지 확인하여 대화를 방해하는 요소를 제거해 줌으로써 학생들이 편하게 이야기할 수 있는 상황을 마련해 주는 것이 필요하다. 학생이 이야기하기 어려워하는 주제에 대한 직접적인 질문은 오히려 대답을 강요받는 느낌을 받게 하여 거리감을 형성할 수 있으니 주의하여야 한다.

언어적 표현과 비언어적 표현 간의 불일치를 알아차린다

가끔 학생들과 대화를 할 때 언행일치가 되지 않는 경우를 발견할 수 있다. 이는 어떤 문제를 상대방에게 전달할 때 과대평가 또는 과소평가하게 만들게 된다. 학생들은 여러 가지 이유로 자신의 문제를 과장하여 전달하거나 함구하는 경우가 생긴다. 그러한 경우 학생이 가진 어려움을 놓치고 방치하거나 혹은 너무 과도한 개입으로 인하여 적절한 개입에 대한 핵심을 놓칠 수 있다. 다음은 드러난 문제의 정도와 달리 감정적 반응이 매우 적은 경우이다.

최근 아버지의 지병 악화가 있었으나 주변 사람들의 도움으로 큰 어려움이 없다고 하는 경우
교수: 최근에 아버님께서 지병이 악화되었다고 들었는데 지내기에 어떤가요? 　개방형 질문 학생: 주변에 도움을 주시는 지인분들이 많아서 괜찮습니다(입술이 약간 떨리며 　　쥐고 있던 두 손을 더욱 꽉 쥠). 교수: 주변에 그렇게 도움을 주시는 고마운 분들이 많다니 참 다행이네요. 그런데

지금 말로는 괜찮다고 하지만 뭔가 모르게 긴장되고 경직된 것이 느껴지는
데 행동관찰 반영 아무래도 아버님 일이니 걱정되고 염려되는 일이 많을 것
같아요. 아버님께서 아프시면 간호는 누가 하나요? 구체적 상황 탐색

학생: 어머님께서 일을 쉬시면서 아버님 병간호를 하고 계세요.

교수: 아…… 어머님께서 병간호를 도맡아서 하시는가 보네요. 그런 어머니가 염
려되기도 하고 아직 학생으로서 학비도 걱정이 될 것 같네요. 공감

학생: 네. 아무래도 어머님 혼자서 간호를 하시는 것도 죄송한 마음이 드는데 제가
아직 학교를 다니고 있으니 학비가 아무래도 부담이 되는 것은 어쩔 수가 없
네요(눈물이 살짝 고임).

교수: 괜찮은 것처럼 행동하려고 해도 현실적인 어려움은 아무래도 부담이 될 수밖
에 없을 것 같아요. 혹시 교내 장학제도를 알아본 것이 있나요? 대안 탐색

학생: 아직 경황이 없어서 못 알아보았습니다.

교수: 교내 학생지원처에 가면 여러 가지 장학제도에 대해서 안내를 해 주실 거예
요. 번호를 알려 줄 테니 한번 알아보도록 해요. 대안 제시

가정사에 대한 이야기는 쉽게 꺼내기 어려운 일일 뿐만 아니라 자신의 어려
움을 타인에게 이야기하는 것은 상대방에게 부담을 준다고 생각하거나 치부를
드러내는 일이라고 생각하여 함구하는 경우가 종종 있다. 그로 인하여 자신의
어려움을 과소 표현하여 전달하는 학생들이 있다. 하지만 이러한 문제가 방치
되면 학비 마련을 위하여 휴학을 하거나 자퇴를 하는 경우로까지 이어질 수 있
으므로 학생이 어려움에 대하여 어떠한 대안을 계획하고 있는지 탐색되어야 한
다. 이러한 가정사에 대한 이야기는 매우 조심스럽게 접근해야 하므로 다음 장
에서 더욱 구체적으로 알아보도록 하자. 다음은 자신의 상황을 과대 표현하는
경우이다.

동기와 마찰이 있었지만 그 일과 별개로 매우 즐겁게 학과생활을 하고 있다고 이야기하는 경우

교수: 지난번에는 같이 다니던 ○○ 학생과 싸워서 크게 속상해했던 것 같은데 최근에는 어때요? 문제 확인

학생: 괜찮아요! 그 친구랑은 이제 같이 안 다니려구요. 이번에 학과 성적을 올리려고 학원도 끊었는데 그 학원에 마음 맞는 학생이 있어서 그 친구랑 같이 다니면 되니까 크게 어려울 거 없어요. 그리고 동아리도 새로 가입하려고요. 선배님들께 물어서 동아리에 가입하려고 선배님보고 만나자고 했어요(말의 톤이 높고 손이 이리저리 부산스럽게 움직이며 산만한 모습을 보임).

교수: 지난번 만남에서는 너무 크게 상심해 있어서 염려가 될 정도였는데, 오늘은 지난번과 달리 너무 에너지 넘치게 여기저기 사람들과 어울리려고 노력하는 모습이 오히려 버거워 보이기도 하네요. 행동관찰 반영 갑자기 그렇게 바뀐 계기가 있나요? 이유 탐색

학생: 그냥…… 저 혼자 다니는 게 너무 싫어서요. 그런데 학교에 오면 그 친구랑 마주쳐야 하니 또 학교에도 오기 싫어지고…… 수업을 자꾸 빼먹게 되더라고요.

교수: 학교에서 혼자 보내는 시간이 많으면 쓸쓸하겠어요. 그래서 다른 사람들과 어울릴 수 있는 기회를 많이 가지려고 했군요. 공감

학생: 네…… 그런데 사실은 아직 그 친구와도 잘 지내고 싶고, 학교 수업을 그 친구 때문에 빼먹는 것도 마음에 걸려요.

교수: 새로운 사람들과 어울려서 친분을 형성하는 것도 방법이 될 수 있지만 그 친구와 잘 지낼 수 있는 방법을 한번 찾아봐야겠네요. 친구관계는 늘 싸우고 화해하면서 돈독해지는 것이니 용기를 가져요.

학생: 네. 그래야 될 것 같아요. 이야기를 들어 주셔서 감사합니다.

이 경우는 대상자가 자신의 문제를 회피하고자 내면의 어려움을 모두 극복한 것처럼 이야기하는 경우이다. 어차피 타인에게 자신의 어려움을 이야기한다고 해서 해결되는 것이 아니라고 생각하거나 교수는 교수를 해 주는 사람이라는 생각으로 인하여 자신의 이러한 사소하고 개인적인 어려움을 교수에게 이야기할 수 없다고 생각할 것이다. 교수 역시 이런 사소한 일까지 개입해야 하나 하는 생각이 들 수 있다. 하지만 학생들은 이러한 문제를 이야기할 수 있고 나누는 정도만으로도 상당 부분 용기를 얻고 자신에게 관심을 주는 이가 있다는 것에 안도감을 느끼며 스스로 문제를 해결할 수 있는 힘을 얻게 된다. 학생들이 가진 어려움을 너무 과대평가하거나 과소평가하지 않으면서 그들이 가진 힘을 믿고 스스로 해결할 수 있도록 독려하는 것이 가장 이상적이다. 그럼에도 불구하고 스스로 해결할 수 없는 환경적인 요소에 따른 어려움은 관련 기관으로의 안내를 통하여 도움을 주는 것이 필요하다.

너무 개인적인 이야기를 캐묻지 않는다

앞서 제시한 사례들은 어찌 보면 학생들의 지극히 개인적인 사정일 수 있다. 이러한 개인적인 어려움을 너무 구체적으로 캐묻는 경우에는 학생이 애써 감추려고 했던 이유를 놓치고 학생이 가진 상처나 어려움을 재현하게 만드는 결과를 낳을 수도 있다. 이뿐만 아니라 교수는 학생의 어려움을 너무 깊이 파악한 나머지 마치 학생이 가진 어려움을 자신이 모두 해결해 주어야 할 것 같은 책임감에 부담을 느끼게 될 수도 있다. 학생들의 어려움을 피상적이지 않게 구체적으로 탐색하고 학생의 표현을 곧이곧대로 이해하여 속단하지 않는 것이 필요하다. 하지만 탐색적 질문에 대한 답이 교수가 감당하기 어려운 일이 되거나 학생이 자신의 개인적인 이야기를 캐묻는 듯한 인상을 받게 되면 교수와의 만남을 꺼리게 되는 계기가 될 수 있다. 다음은 학생의 개인적인 이야기를 캐묻는 경우이다.

학생의 어려움을 채근하듯 캐묻는 경우

교수: 요즘 수업에 지각이 잦고 과제 제출이 늦던데 무슨 일 있나요?

학생: 아…… 죄송합니다, 교수님.

교수: 무슨 이유가 있으니 자꾸 늦을 거라는 생각이 드는데 이유가 뭐예요?

　　　공격적인 질문

학생: 그냥…… 이런저런 일로 시간을 못 지키게 되었습니다. 죄송합니다.

교수: 자꾸 그러면 쓰나. 학과생활에서 주어진 역할을 잘하는 것도 학생의 본분인
　　　데. 지난번에 얼핏 듣기로는 여자친구와 헤어졌다고 하는 것 같던데 그것 때
　　　문인가요? 확인되지 않은 정황에 따른 섣부른 판단

학생: 아…… 아닙니다. 상관없는데…… 그냥 제가 개인적인 이유로 그렇게 되었
　　　습니다. 죄송합니다.

교수: 거참…… 죄송하다는 말만 반복하니 답답하네요. 이유를 알아야 대안을 찾
　　　을 텐데 말을 안 하니 알 수가 있나. 교수의 답답함으로 인한 학생 비난

학생: 사실은 큰 문제는 아니지만 집에도 조금 신경 쓰이는 일이 있고, 여자친구
　　　일도 조금 신경 쓰이는 것도 사실입니다. 앞으로는 주의하겠습니다.

이와 같은 경우에 표면적으로는 학생이 자신의 행동에 대해 반성하고 교수는 자신이 돕고자 한 마음이 잘 전달된 것으로 보일 수 있다. 하지만 정작 학생은 교수로부터 야단을 맞는다는 느낌을 받고 그 상황에서 빨리 모면하기 위해 자신의 잘못을 인정한 것일 수 있다. 교수가 아무리 좋은 의도와 마음을 가지고 개입을 하더라도 전달될 때의 느낌이 재촉하는 느낌이거나 학생이 현재 보이고 있는 행동에 대해 죄책감을 불러일으키는 질문은 오히려 학생으로 하여금 위축되게 만들고 학생이 가진 어려움을 더욱 크게 느끼게 만드는 효과를 불러올 수 있다. 다음은 이러한 경우와 달리 스스로 문제를 해결하고자 하는 의지를 북돋아 주는 개입이다.

학생이 어려워하는 개인사를 존중하며 개입하는 경우

교수: 요즘 수업에 지각이 잦고 과제 제출이 늦던데 무슨 일 있나요? 걱정과 염려의 관심을 담은 질문

※ Why를 묻기보다 How를 묻는 것이 공격적이지 않고 학생이 자신의 입장을 보다 구체적으로 이야기할 수 있도록 질문하는 데 도움이 된다.

학생: 아…… 죄송합니다, 교수님.

교수: 이유가 없이 그러지는 않을 것 같은데 혹시 요즘 힘든 일이 있어요? 구체화

학생: 그냥…… 이런저런 일로 시간을 못 지키게 되었습니다. 죄송합니다.

교수: 그 일들이 ○○ 학생에게는 학교생활에도 영향을 줄 정도로 신경이 쓰이는 일인가 보네요. 공감

학생: 별것 아닌데 자꾸 신경이 쓰여서 그렇게 되는 것 같습니다.

교수: 별것 아닌데 자꾸 신경이 쓰일 리가 없죠. ○○ 학생에게는 그 일이 중요한 일인 것 같은데 혼자 해결하기에 어려우니 자꾸 학교생활에도 영향을 주는 것 같네요. 감정 읽어 주기 나한테 이야기하기 어려운 일이라면 주변에 도움을 주는 사람이 있어요? 자원 확인

학생: 주변에 어떻게 이야기해야 할지도 모르겠고, 딱히 도움받을 만한 일인지 판단이 안 서서 이런저런 고민만 하다가 시간을 놓치게 되는 것 같아요.

교수: 그렇군요. 그게 자꾸 반복되면 ○○ 학생이 중요하게 지켜야 할 것들을 놓치게 될까 염려되네요. 관심 표현 주변에 도움을 줄 만한 사람이 없다면 어려워 말고 찾아와요. 같이 고민해 봅시다. 지원군으로서의 대안 제시

이와 같은 경우는 학생이 가진 어려움을 충분히 존중하면서 캐묻지 않는 선에서 개입이 된 경우이다. 학생들은 자신이 가진 어려움을 사소하다거나 별것 아니라는 표현을 사용함으로써 문제에 대한 자신의 갈등 여부를 축소하여 전달하려고 한다. 이는 이런 문제로 고민하고 신경 쓰는 자신을 상대방이 어떻게 볼

지 염려하는 마음에서 비롯한 행동일 가능성이 많다. 그런 경우 학생이 가진 어려움을 인정하고 충분히 공감하는 마음에서 개입하고, 언급을 꺼리는 학생에게는 염려되는 마음과 지지자이자 조력자로서 교수님이 존재하고 있다는 것만 전달되어도 상당 부분 도움을 받는다는 느낌을 줄 수 있다. 교수의 역할은 어디까지인가 하는 생각과 이런 일에 개입할 수 있을까 하는 생각 사이에서 고민이 될 수 있다. 그러나 학생들은 자신의 문제에 대한 해결책을 제시해 주는 것뿐만 아니라 관심을 주는 누군가가 있다는 것만으로도 힘을 얻고 스스로 해결책을 찾게 되는 경우가 많다는 것을 기억할 필요가 있다.

문제영역별 개입

대학생들이 가장 크게 겪는 어려움은 학업과 진로, 대인관계 문제이다. 여기서는 문제영역별로 어떤 점을 고려해야 하는지와 개입 시 구체적인 방안을 제시하고자 한다.

학업 및 학습 문제

대학생들이 학업과 학습 문제로 어려움을 보일 때 어떤 관점을 토대로 개입이 되어야 할까? 다음은 학업 및 학습 문제 상담 시 고려해야 할 사항이다.

- 공부에 집중하는 것을 어렵게 만드는 고민이 있는가?
- 암기해야 할 사항들을 무조건 반복 암기하는 것은 아닌가?
- 정서적인 문제로 공부에 집중하지 못하는 것은 아닌가?
- 특정 과목에 대한 선행학습의 부족으로 수업을 제대로 따라가기 어려운 것

은 아닌가?

• 대학 및 전공에 대한 갈등으로 학업에 집중하기 어려운 것은 아닌가?

이와 같은 사항들이 탐색되었다면 각 문제 유형에 따른 개입이 가능할 것이다. 다음은 문제영역별 상담개입의 실제이다.

> **Tip 학업의 호소문제 유형(학습부진의 원인)**
>
> 다음은 다양한 측면에서 학업문제를 고려해 볼 수 있는 사항이다.
>
> • 능력 부족(지능이나 기억력이 떨어지는 경우): 지능도 다양한 영역을 포함하여 전체 지능지수로 나타난다. 종종 특정 영역에서 결손을 나타내는 경우도 있다.
> • 학습에 대한 동기 부족(공부에 대한 반감은 없지만 학습의지가 낮은 경우): 학습동기가 부족한 경우는 자신의 진로에 대한 뚜렷한 목표가 없는 경우가 많다. 이러한 경우 진로상담이 선행되어야 한다.
> • 학습방법의 문제 및 학습 습관 미형성(효과적인 공부방법을 모르거나 부적절한 방법으로 학습하는 경우): 전문적인 도움을 줄 수 있는 교내 기관(교수학습개발센터)에 연계할 수 있다.
> • 집중력 부족(고민으로 인한 정신 산만), 시험불안(압박감, 불안, 스트레스), 성적에 대한 집착(지나친 경쟁의식) 등: 심리적인 문제로 인하여 집중이 되지 않는 경우가 많다. 이러한 경우 심리적인 개입을 받을 수 있는 교내 학생상담센터로 연계할 수 있다.

문제의 종류 확인 단계

교수: 요즘 수업시간에 자주 멍한 모습이 보이던데 무슨 일이 있나요?

학생: 아닙니다, 교수님. 제가 그냥 조금 정신이 딴 데 팔려서⋯⋯.

교수: 그렇군요. 그 고민이 수업시간에 집중을 방해할 정도로 신경이 쓰이는 일인가 보네요. 어떤 고민인지 물어봐도 될까요? 구체화

학생: 그냥 개인적인 일이라서⋯⋯.

교수: 개인적인 일이라 말을 꺼내 놓기가 조심스러운가 보군요. 감정 읽어 주기

학생: 교수님께서 그런 일 가지고 그렇게 전전긍긍하느냐고 생각하실까 봐⋯⋯.

교수: 어떤 일이든 내 일이 되면 항상 크게 느껴지는 법이지요. 공감 ○○ 학생에게는 그 일이 큰일처럼 느껴질 수 있으니 편견 없이 들어 볼게요. 편견 없는 시각 제시

학생: 감사합니다.

이 사례는 학생들이 가진 어려움을 확인하는 단계에서 편안하게 학생 본인의 어려움을 이야기할 수 있도록 공감과 편견 없는 시각을 제시한 경우이다. 학생들의 문제를 사소한 일로 치부하거나 일반화하여 형식적인 대안을 제시하는 것을 지양해야 한다. 학생들이 학업과 관련된 어려움에서 문제의 종류를 확인한 다음 그에 따른 적절한 개입이 필요하다. 각 문제에 대하여 [그림 3-1]과 같은 순서로 개입이 가능하다.

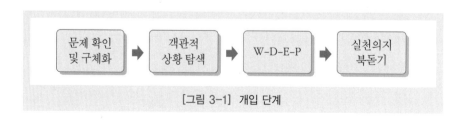

[그림 3-1] 개입 단계

다음은 구체적인 학습 및 학업 문제에 따른 개입 방법이다.

■ 개인적인 고민으로 집중이 어려운 경우

개인적인 고민을 가진 학생들은 자신의 어려움에 대해 이야기하는 것을 힘들어한다. 혼자 고민을 하다가 상황을 왜곡되게 인지하거나 판단하는 경우가 발생한다. 이는 오히려 생각이 꼬리를 물어 집중을 저해하는 요인으로 악순환된다. 부정적 생각으로 주의 초점이 맞춰진 학생에게 새로운 시각에서 인지할 수 있도록 시각을 전환하는 것이 개입의 포인트이다.

개인적인 고민으로 집중이 어려운 경우
교수: 이야기를 들어 보니 자꾸 친구와의 관계에서 있었던 일이 반복되어 생각나면서 걱정이 되니 수업에 집중이 안 된다는 말 같네요. 문제 확인
학생: 네. 친구가 지난번에 제가 한 말을 오해했을 것 같고 수업시간에 그 친구가 근처에 있으니까 불안해서 자꾸 그 생각이 떠나질 않는 것 같아요.
교수: 어떤 오해를 하는 것 같아요? 문제 구체화
학생: 제가 그 친구 뒷담화를 하고 다닌 것으로 오해하고 저랑 거리를 두려고 하는 것 같아요. 왠지 모르게 자꾸 제가 말을 걸려고 하면 피하는 것 같은 느낌이 들고…… . 다른 친구들이랑은 얘기도 많이 하고 하는데 제가 말을 걸면 왠지 피할 것 같은 생각이 들어요.
교수: 혹시 그런 이야기를 다른 친구를 통해서 듣거나 그 친구가 직접 이야기하는 것을 들은 적이 있나요? 객관적 상황 탐색
학생: 꼭 그런 건 아닌데…… 왠지 느낌이 그래요.
교수: 사실 확인이 되지 않으니 더욱 사실일까 염려되어 불안한 것 같네요. 그 당사자에게 직접 그런 생각을 가지고 피하고 있는지 확인을 해 보는 것은 어떨까요? 그 친구에게 직접 물어보기 어렵다면 다른 친구를 통해서 그 친구의

생각을 전달받는 것도 방법이 될 수 있을 것 같아요. 시각 전환을 통한 대안 제시

학생: 그럴까요? 좀 조심스러워서…….

교수: 친구관계에서는 늘 오해로 인한 일이 생길 수 있어요. 그런데 그 문제로 계속 학습에 집중을 하지 못하는 일이 이어지면 불안만 높아지고 결국 해결되는 것은 없는 채로 많은 것들을 놓치게 될까 봐 염려가 돼요. 좋은 관계를 위한 정답은 없답니다. 이번에 한번 이 방법을 실천해 보고 안 되면 다른 방법도 생각해 보는 게 어때요? 실천의지 북돋기

개인적인 고민은 다양한 입장에 대한 충분한 이해를 수반해야 한다. 학생이 가진 이러한 고민에 대하여 교수가 가진 가치관에서 대안을 제시하는 경우, 자칫 학생의 어려움에 적절한 개입을 하지 못하게 될 수 있으므로 유의해야 한다.

■ 암기해야 할 사항들을 무조건 반복 암기하는 경우

학생 중에는 공부를 하고자 하는 의지는 있지만 학습방법에서 어려움을 가짐으로써 학습능률이 떨어지는 경우가 있다. 이런 경우 자칫 학습방법에 대한 정보 제공만 하는 개입 수준에 그칠 수 있다. 하지만 학생들의 수준에 따라 성취정도를 고려하여 계획을 세울 수 있도록 제시하는 것이 매우 중요하다. 이는 자신의 수준과 이상의 차이에서 오는 좌절로 인한 동기저하를 막기 위함이다. 학생이 의욕을 보이더라도 습관이라는 것은 자리 잡기까지 시간이 걸릴 수 있음을 꼭 명심하도록 제시하는 것이 중요하다.

암기해야 할 사항들을 무조건 반복 암기하는 경우

교수: 학습이 능률적으로 안 되고 버겁다는 느낌을 받나 보네요. 왜 그런 것 같아요? 문제 요소 확인 및 구체화

학생: 외워야 할 것들이 많은데 시간 안에 다 외우지 못하니 어떤 문제는 아예 보지도 못하고 시험을 치게 되는 것 같아요.

교수: 보통 어떻게 공부하고 있죠? 객관적 상황 탐색

학생: 그냥 수업시간에 배웠던 것, 중요하다고 생각되는 것들을 무조건 외우려고 해요. 근데 자꾸 머릿속에 안 남으니 반복해서 외우려고 하고, 그러다 보니 시간이 부족해서 다 못 외우게 되는 것 같아요.

교수: 암기는 각자에게 맞는 방법이 있어요. 아직 자신에게 맞는 암기 방법을 찾지 못한 것 같네요. 내용을 이해하고 첫 글자를 노랫말과 연결해서 암기하는 방법, 글자의 이미지를 기억하는 방법 등 자신이 가장 오래 그리고 효율적으로 암기할 수 있는 방법을 선택하여 시간계획을 통해서 순차적으로 습득하는 것을 추천합니다. 대안 제시

학생: 평소에 그렇게 해 보려고 해도 잘 안 되어서 무조건 반복하게 되었던 것 같아요.

교수: 원래 어떤 행동이 습관으로 자리하려면 많은 반복이 필요해요. 무조건적인 반복이 아닌 자신에게 맞는 반복학습으로 공부한다면 지금보다 훨씬 능률이 오를 거예요. 너무 큰 결과를 기대하기보다 조금씩 성취해 나가다 보면 자신만의 암기법이 되어 있을 거예요. 학생의 수준에 맞는 실천의지 북돋기

간단한 방법적인 제안을 할 때는 학생의 동기와 실천의지가 얼마나 되는지 고려한 제의가 되어야 한다. 현재 학생의 수준에 맞는 실천계획을 제시하고 그에 따라 수행하였을 때 성취경험을 토대로 또다시 실천을 도모할 수 있는 에너지를 가질 수 있다.

■ 정서적인 문제로 공부에 집중하지 못하는 경우

누구나 속상하거나 고민이 많을 때는 어떤 일에 집중하기가 매우 어렵다. 이러한 어려움은 갑자기 대안을 제시한다고 해결되는 경우는 드물다. 특히 정서적인 어려움을 가진 학생들은 자신의 어려움을 나누는 것에 익숙하지 않은 경우가 많아 쉽게 자신의 어려움을 이야기하려고 하지 않을 수도 있다. 학생이 스스로 자신의 어려움을 전달할 수 있도록 언어적 표현 외에 행동 및 외모 관찰을 통한 정보를 수집하고 이와 관련하여 어려움에 대하여 자연스럽게 질문하며 개입할 수 있다.

정서적인 문제로 공부에 집중하지 못하는 경우
교수: 요즘 수업시간에 어깨가 처지고 한숨을 많이 쉬던데 무슨 일 있나요? 　　　관찰에 따른 문제 확인 및 구체화
학생: 관심 가져 주셔서 감사합니다. 요즘 그냥 자꾸 우울하고 공부도 잘 집중이 　　　되지 않아요.
교수: 어떤 것 때문에 그런지 물어봐도 될까요?　객관적 상황 탐색
학생: 딱히 어떤 일이 있었던 건 아닌데 기분이 처지고 공부를 하려고 해도 자꾸 　　　딴생각이 들고 우울한 감정이 들어서 힘들어요.
교수: 자꾸 딴생각이 들고 우울한 감정이 든다면 힘들 것 같아요.　공감　그럴 때 　　　어떻게 대처하고 있어요?　대처방식 확인
학생: 별다른 대처 없이 어영부영 시간만 보내고 있습니다.
교수: 본인이 어떤 일로 힘든지 알지 못한 채로 어떻게 해야 될지 모르고 계속 지 　　　낸다니 막막하고 답답할 것 같네요.　공감　딴생각이 든다는 걸 보니 그게 학 　　　생의 머릿속을 어지럽히는 중요한 일인 것 같은데 털어놓고 싶나요? 　　　문제에 대한 관심 표현
학생: 아닙니다, 교수님. 제가 한번 알아서 해 보겠습니다.

교수: 아무래도 나에게 말하기 어려운 일인가 보네요. 스스로의 힘으로 어려움을 이겨 내려고 하는 모습이 멋있네요. 지지 혼자 해결이 되지 않을 때는 주변에 좋은 자원들이 있으니 활용하는 것도 도움이 될 것 같아요. 학교의 학생상담센터에서는 말 못할 고민을 함께 해결할 수 있도록 도와준다고 하니 한번 도움을 요청해 보는 것도 방법이 될 수 있을 것 같네요. 대안 제시

학생: 거긴 큰 문제가 있는 학생들이 가는 곳 아닌가요?

교수: 문제의 크기를 따지기보다 내가 도움을 받고자 할 때 누구나 도움을 받을 수 있는 곳으로 알고 있어요. 혼자 힘으로 해결되지 않을 때 도움을 받는 것은 아주 현명한 선택이라고 생각해요. 실천의지 북돋기

정서적인 어려움을 보이는 학생에 대한 개입을 하는 경우, 교수의 재량으로 개입하기 어려운 경우가 많다. 어려움이 확인된 경우 교내의 학생들을 대상으로 전문상담을 진행하는 학생상담센터로 안내해 주는 것이 좋다. 하지만 일시적인 어려움을 가진 학생의 경우 스스로 해결할 수 있도록 여유를 가지면 해결되는 경우가 있기도 하다. 학생상담센터를 제안할 때는 스스로 해결할 여유가 없어 보이거나, 본인이 선택한 해결방법이 비현실적일 경우가 좋다.

■ 특정 과목의 선행학습 부족으로 수업을 따라가기 어려운 경우

선행학습의 부족을 보이는 학생은 현재 학습에 대한 의지는 있으나 이전 학습에서의 어려움을 호소하는 경우이므로 수업 외 시간을 할애해야 할 수밖에 없다. 관련 학원을 다니는 것도 도움이 될 수 있으나 경제상황에 따라 금전적인 투자가 어려운 학생들이 많으므로 최대한 금전적인 투자를 하지 않고도 가능한 방법을 제안한다. 또한 학생들이 이러한 어려움에 놓이게 된 상황 역시 중요하므로 그에 대한 탐색을 통하여 현재 어려움에 접근하는 것이 필요하다.

특정 과목의 선행학습 부족으로 수업을 따라가기 어려운 경우
교수: 수업시간에 열심히 임하는 데 비해서 성적이 저조한 것 같던데 무슨 어려움이 있나요? 문제 확인 및 구체화
학생: 1학년 때 많이 놀았던 것이 이제 타격이 오는 것 같습니다. 1학년 때 들었던 기초수업을 등한시했더니 지금 심화된 수업내용을 아무리 열심히 들어도 이해가 되지 않아서 힘드네요.
교수: 1학년 때 대학생활의 즐거움을 톡톡히 즐겼나 보네요. 2학년에 들어와 열심히 하고자 하는 의지가 돋보입니다. 지지 선행학습이 되지 않아서 어떻게 어렵죠? 객관적 상황 탐색
학생: 조금만 이해되면 될 것 같은데 아무래도 혼자 하자니 시간이 좀 걸리네요.
교수: 그럼 학생이 어려워하는 부분에 대한 이해가 높은 동기나 선배들과 그룹을 지어 스터디를 진행하는 방법도 도움이 되겠네요. 대안 제시
학생: 괜히 저 때문에 시간을 뺏는 것 같아서 조심스럽습니다.
교수: 원래 학습은 복습도 중요합니다. 동기의 경우에는 학생을 가르치면서 복습할 수 있고, 선배의 경우 후배를 챙길 수 있어 뿌듯함이 있을 수 있지요. 그런 마음을 가진 동기나 선배를 찾고, 도움을 받으면 그만큼 마음을 전달하시면 될 겁니다. 실천의지 북돋기

이전의 학습부족의 사유가 신입생 시절의 치기와 유흥으로 인한 학습부진이라 할지라도 현재는 학습을 하고자 하는 의지를 보이고 있음에 초점을 두고 이를 지지하는 것이 필요하다. 학습에 가장 선행되어야 하는 것이 학습의지인 만큼 이러한 의지가 지속적으로 이어질 수 있도록 지지자원을 연계하는 것이 좋다.

■ **대학 및 전공에 대한 갈등으로 학업이 어려운 경우**

전공에 대한 이해가 부족한 채로 막연하게 전과나 편입을 호소하는 경우, 자

신에 대한 이해가 부족한 경우가 많다. 그와 관련하여 학생들에게 살펴볼 요인
으로서 다음과 같은 사항을 제안한다.

- 전공 선택 당시의 기준(부모님의 기대, 취업률, 적당한 성적 수준 등)을 확인하
  여 현재 어려움의 원인을 파악한다.
- 선택한 전공에서 자신의 적성과 맞지 않는 부분 외에 잘할 수 있는 부분은
  무엇인지 생각해 본다.
- 본인의 미래를 생각하였을 때, 전과나 편입이 현실적으로 보다 나은 선택
  이 될 수 있을지, 현실 상황을 바탕으로 구체적인 비교를 해 본다.

학생들은 스스로 진로를 선택함에 있어 현실적인 대안이 부족한 경우가 많고
현재 속해 있는 전공에 대한 이해 수준도 매우 낮을 가능성이 높다. 현재 전공에
서 겪고 있는 어려움만큼 잘 기능할 수 있는 부분의 확인을 통해 용기를 북돋아
주는 것이 필요하다. 그럼에도 불구하고 전공에 대한 흥미가 부족하다면 새로운
전공을 탐색함에 있어 고려해야 할 부분에 대하여 제안하는 것이 필요하다.

대학 및 전공에 대한 갈등으로 학업이 어려운 경우

교수: 이번에 학사경고를 받았던데 공부하는 데 어려움이 있나요?

문제 확인 및 구체화

학생: 말씀드리는 것이 조금 조심스러운데…… 사실 성적을 맞춰서 들어왔던 터
라 지금 하고 있는 전공이 막상 들어와 보니 적성에 맞지 않는 것 같아서 점
점 전과나 편입을 생각하게 됩니다.

교수: 전공에 대한 이해가 전혀 없이 오게 된 건가요? 객관적 상황 탐색

학생: 거의 그렇다고 할 수 있을 것 같습니다. 저는 원래 미술 쪽으로 관심이 많은
데 부모님께서 미술 쪽은 취업이 어렵다고 하셔서 그나마 취업을 생각해서

왔는데, 선택한 전공은 너무 적성에 맞지 않는 것 같아서 공부를 하고 싶다
는 생각이 안 들어서 힘듭니다. 그렇다고 미술을 선택하자니 무리수인 것 같
아서…….

교수: 좋아하는 것과 취업 사이에서 갈등이 생기는 것 같네요. 지금의 전공과 내가
어떻게 맞지 않는지 구체적인 요인을 알고 거기에 맞는 대응을 하는 것이 좋
을 것 같네요. 전과나 편입도 쉬운 일이 아니니 좀 더 신중하게 생각해 보는
것을 제안합니다. 대안 제시

학생: 도저히 현재 전공에는 흥미가 생기지 않는데…….

교수: 그럴 수 있어요. 공감 단지 여러 가지 측면에서 생각해 볼 필요가 있는 것
을 제안하는 거랍니다. 실천의지 북돋기

하지만 학생들이 호소하는 문제에 대한 대처방법이 비현실적이라고 하여 너
무 현실적이고 객관화된 정보에 근거하여 학생의 의견을 반박만 할 경우, 학생
스스로 문제해결의 의지를 가지지 못하고 혼란만 가중될 수 있다. 학생이 현재
문제를 현실적으로 바라보기 어려운 환경적 요인에 대한 탐색도 필요하다. 가
령 앞선 사례에서처럼 부모님의 말씀을 듣고 현재 전공을 선택한 경우, 즉 부모
님의 의사를 곧 자신의 의사로 생각하여 의사결정을 하게 되는 경우이다. 이러
한 경우 이후 많은 정보를 취합하더라도 독립적이고 주체적으로 의사결정을 하
는 데 어려움을 보일 수 있으므로 학생의 특성에 연관하여 개입을 할 수 있어야
한다. 다음 장에서 안내하는 학생 특성별 개입을 통해 도움받을 수 있다.

Tip 학점관리

• 사전 조사를 통해 내가 잘 수행할 수 있는 과목을 신청하라

수강신청 시 교과목의 이름과 시간대만 보고 신청하는 경우 낭패를 보는 일이 생
길 수 있다. 그 교과가 가진 구체적인 커리큘럼과 교수방법 등을 사전 조사하는

것이 필요하다. 가령 어학 부분에서 필수적으로 들어야 하는 과목 중 '기초 프랑스어'라고 되어 있으나 실질적으로는 고등학교에서 사전 기초 지식을 토대로 진행되는 수업이라면 교과목의 진도를 따라가기 버거운 상황이 초래될 수 있다.

• 선배들과 친해지라

선배들은 이미 이수한 과목들이 있으므로 그에 따른 정보를 많이 알고 있다. 앞 상황과 같이 교과목의 구체적인 커리큘럼을 확인할 수 없다면 이미 이수한 선배들의 정보를 활용하는 것이 도움이 될 수 있다. 선배들과 친분을 맺기 어려워하는 학생들을 위하여 단합의 자리를 마련해 주는 것도 방법이 될 수 있다.

• 동기들과 어려움을 공유하라

교수나 선배들보다도 가장 밀접하게 관계가 있고 비슷한 어려움을 가진 동기들은 쉽게 이야기를 나눌 수 있는 대상이다. 또래상담자와 같이 비슷한 고민을 가진 동기와 그룹으로 스터디를 하고 이를 지도해 줄 수 있도록 간단한 팁만 제공해 주어도 시너지 효과가 있을 수 있다. 교수는 각 개별 학생들이 가진 어려움을 눈여겨봐 두었다가 서로 문제를 공유할 수 있는 기회를 제공하는 것도 필요할 것이다.

진로문제

대학생들이 학업 및 학습 문제와 마찬가지로 가장 많이 호소하는 어려움이 바로 진로문제이다. 진로는 각 학교급별 개입이 달라져야 한다. 초등학교 시기가 진로인식단계, 중학교 시기가 진로탐색단계, 고등학교 시기가 진로선택단계라 하면 대학교 시기는 진로의 전문화단계라고 볼 수 있다. 단계별 수행되어야 하는 진로발달과업이 수행되지 않은 경우에는 여러 가지 어려움을 보일 수 있다. 다음의 사항은 학생의 현재 수준에 대해 알 수 있는 질문들이다. 이와 같은 사항들을 확인하여 그에 맞는 현실적인 대안 제시가 필요하다.

- 현재 선택한 진로가 있는가? 그 이유는 무엇인가?
- 선택한 진로에 대한 갈등이 있는가?
- 현재 선택한 학교와 전공에 어느 정도 적응하고 있는가?
- 결정된 진로와 관련한 준비를 하고 있거나 도달할 가능성이 있는가?

진로문제의 경우 현실적인 대안 제시와 실천이 매우 중요하므로 매뉴얼화된 진로상담모형에 따른 상담을 진행할 수 있다. 또한 진로정보를 제공할 때는 [그림 3-2]와 같은 단계를 통하여 정보 제공을 할 수 있다. 정보나 조언을 줄 때는 그전에 자신이 전달하려는 내용이 변화에 대한 내담자의 동기를 강화할 수 있는 것인지에 대한 질문을 스스로 해 보고 그에 대한 동의를 확인한 후 정보를 제공하는 것이 좋다.

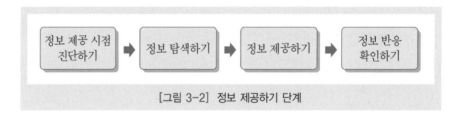

[그림 3-2] 정보 제공하기 단계

Tip 정보 제공

- **정보 제공 시 유의점**
  진로문제는 결국 자신의 문제에 대한 진단과 그를 해결하고자 하는 의지를 통한 실천이 가장 뒷받침되어야 한다. 문제를 인식하였다 하더라도 그 문제의 해결을 타인에게 의존한다면 진로문제를 결코 해결할 수 없다. 정보의 제공은 이러한 학생들의 의지를 북돋아 줄 수도 있으나 때로는 모든 해결방안을 교수에게 의지하게 만들 수도 있다. 다음과 같은 사항을 고려하여 정보를 제공하는 것이 필요하다.

- 정보는 정보를 제공받은 사람이 자진해서 정보를 경청하고 이용할 수 있는 방법으로 제공되어야 한다.
- 비효과적인 방법으로 정보를 제공하게 되면 내담자는 상대에 대해 오만하고 위압적이며 잘난 체하는 사람과 같은 부정적인 인상을 갖게 된다.
- 정보 요청은 단순히 정보를 필요로 하는 것 이상의 의미가 있다고 가정하고 정보 요청을 통해 다른 중요한 문제가 논의될 수도 있음을 알아야 한다.

• 효과적인 정보 제공 방법
- 학생의 욕구에 적절한 자료나 사실을 알려 준다.
- 문제 상황에 관련된 정보만 제공한다.
- 학생이 정보를 잘 받아들이고 있는지 확인한다.
- 정보는 직접적이고 명확하고 구체적이고 간결하고 실질적이어야 한다.
- 정보 제공 후 제공된 자료와 사실에 주의를 기울였는지 확인한다.
- 제공된 정보에 왜곡이 있었는지 평가하고, 그것을 바로잡기 위해 다른 상담기술을 사용한다.
- 충고를 하는 것과 정보를 주는 것을 혼동해서는 안 된다.
- 학생의 가치관에 압력을 가하는 방법으로 정보를 제공하지 않도록 한다.

※ 출처: 천성문 외(2015). 상담 입문자를 위한 상담기법 연습. 서울: 학지사.

대학생 진로지도의 단계는 [그림 3-3]과 같다.

진로는 학생 스스로가 생애역할과 관련된 자기를 이해하고 자신과 맞는 직업세계에 대한 이해와 경험을 토대로 생애목표에 적합한 진로 계획을 수립하는 것이다. 그리고 그에 따라 실질적인 구직활동에 필요한 정보를 수집하고 평가하며 활용할 수 있어야 한다. 이후 효과적인 구직활동을 통하여 직장에 적응하고 직무에 몰입하여 평생학습을 통한 경력을 활성화하는 것이 필요하다. 이와 같은 과정을 통해 직장생활을 영위하고 은퇴를 준비한다.

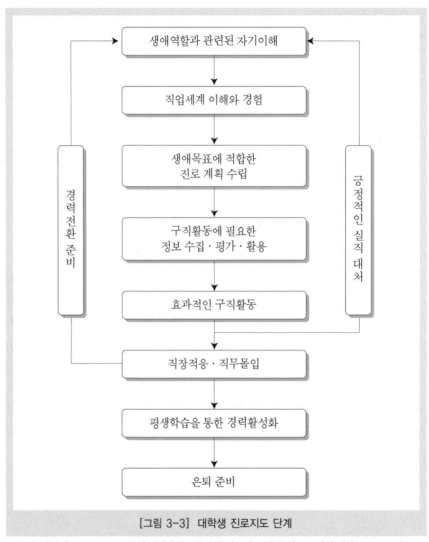

[그림 3-3] 대학생 진로지도 단계

※ 출처: 이지연(2001). 고등교육단계에서의 효율적인 진로지도 방안 연구: 4년제 일반대학을 중심으로.

〈표 3-1〉 학년별 진로지도 서비스 내용 예시

진로개발과정 / 학년	나는 누구인가	나의 진로목표는 무엇인가	진로목표 달성을 위하여 무엇을 준비하는가
1학년 (자신의 진로에 대한 중요성 인지)	① 대학 1학년으로서의 생애 역할 및 자기정체성 확립 ② 희망계열(학과) 특성에 적합한 자기이해 ③ 심리검사 결과에 따른 자기이해	① 전공(계열) 선택을 위한 정보 수집·평가·활용 ② 장(졸업 후)·단기(학년/방학) 진로목표 수립 ③ 진로개발 계획서 작성 ④ 장·단기 진로목표에 적합한 학교 내 교과 선택 및 학교 내·외 활동(동아리, 직업 관련 아르바이트, 인턴 등) 계획 수립	① 진로개발 역량 진단 및 향상 필요성 파악 ② 진로개발 역량 개발을 위한 프로그램 선택 ③ 장(졸업 후)·단기(학년/방학) 진로목표에 따른 실행 −외국어, 자격증 준비를 통한 자신감 증진 −여름/겨울 방학 아르바이트 활동을 통한 직업세계 이해 −동아리활동을 통한 인간관계 향상
2학년 (자신의 진로가능성에 대한 탐색)	① 대학 2학년으로서의 생애 역할 및 자기정체성 확립 ② 대학 1학년 시기 자신의 변화를 통한 자기이해	① 희망전공의 직업전망, 3년 후의 인력수요 등에 대한 정보 수집·평가·활용 ② 1학년에 수립한 장(졸업 후)·단기(학년/방학) 진로목표의 평가 및 수정 ③ 수정된 장·단기 진로목표에 적합한 학교 내 교과 선택 및 학교 내·외 활동(동아리, 직업 관련 아르바이트, 인턴 등) 계획 수립	① 1학년에 함양된 진로개발 역량의 평가 및 보충 ② 진로개발 역량 개발을 위한 프로그램 선택 −여름/겨울 방학을 활용한 자기계발 프로그램 참여 ③ 수정된 장·단기 진로목표에 따른 실행 −군 입대/전공·부전공·복수전공의 선택과 전환 −학교 내·외 봉사활동 체험을 통한 함께 일하는 역량
3학년 (자신의 진로목표 달성을 위한 준비)	① 대학 3학년으로서의 생애 역할 및 자기정체성 확립 ② 대학 2학년 시기 자신의 변화를 통한 자기이해	① 희망전공·부전공의 직업전망, 2년 후의 인력수요 등에 대한 정보 수집·평가·활용 ② 2학년에 수립한 장(졸업 후)·단기(학년/방학) 진로목표의 평가 및	① 2학년에 함양된 진로개발 역량의 평가 및 보충 ② 진로개발 역량 개발을 위한 프로그램 선택 −여름/겨울 방학을 활용한 인턴 프로그램 참여 ③ 수정된 장·단기 진로목표에 따

	③ 학부(전공·부전공)에 소속된 자신의 이해와 변화	수정 ③ 수정된 장·단기 진로목표에 적합한 학교 내 교과 선택 및 학교 내·외 활동(동아리, 직업 관련 아르바이트, 인턴 등) 계획 수립	른 실행 -군 입대/전공·부전공·복수전공의 선택과 전환 -구체적인 구직활동을 위한 준비
4학년 (자신의 진로목표의 실행)	① 대학 4학년으로서의 생애역할 및 자기정체성 확립 ② 진로변화(학생에서 시민, 소비자, 생산자, 가족의 구성원, 그리고 평생학습자로서의 다중 생애역할)에 따른 자신의 이해	① 취업·대학원 진학 등을 위한 정보 수집·평가·활용 ② 3학년에 수립한 장(졸업 후)·단기(학년/방학) 진로목표의 평가 및 수정 ③ 수정된 장·단기 진로목표에 적합한 구체적 행동계획 수립	① 3학년에 함양된 진로개발 역량의 평가 및 보충 ② 진로개발 역량 개발을 위한 프로그램 선택 -모의 면접 및 인터뷰 체험 프로그램 참여 ③ 수정된 장·단기 진로목표에 따른 실행 -대학원 진학 및 효과적인 구직활동의 실행 -주위의 안전관계망을 자신의 사회적지지망으로 형성

※ 출처: 이지연(2001). 고등교육단계에서의 효율적인 진로지도 방안 연구: 4년제 일반대학을 중심으로.

최근 학부 단위로 진학하여 자신의 세부전공을 이후에 정하게 되는 경우들이 많다. 다음은 전공 선택을 앞둔 학생들에 대한 진로상담기법을 활용한 진로집단상담 프로그램의 내용이다.

〈표 3-2〉 대학생을 위한 진로집단상담 프로그램 개요

회기	진로영역	회기 목표	회기 목표 및 내용
1	대학 생활 이해	프로그램 안내 및 대학생활 적응 이해	① 진로와 직업결정의 중요성을 대학생활과 관련하여 이해하기 ② 집단 소개와 집단 구조화하기, 동기 파악 및 효과적 동기유발 ③ 참가자 환영 및 집단원들의 자기소개를 통한 자기 알기 ④ 대학생활에 대한 실제적 마인드십 형성과 Career Management 이해하기 ⑤ 인터넷을 통해 학과별·진로별로 다양한 정보를 획득하는 방법 이해하기

2	자기 이해	자아 탐색 Ⅰ (나의 성격 탐색)	① 자기 성격의 유형과 특성을 파악해, 자신을 좀 더 알고 이해하기 ② 자기 성격의 장·단점을 솔직하게 노출하여 명료화하기
3		자아 탐색 Ⅱ (나의 적성, 흥미 탐색)	① 자신의 적성과 흥미를 파악해, 자신을 좀 더 알고 이해하기 ② 자신과 주변인들이 가지는 진로 및 직업에 대한 희망 명료화하기
4		직업가치의 이해와 나의 직업 가치관 탐색	① 직업가치에 대한 탐색을 통해 직업 가치관에 대해 이해하기 ② 자신의 직업 가치관을 알아보고 새롭게 정립하기
5	직업 세계의 이해	직업세계의 이해	① 직업체계 이해 및 자신의 진로−직업의 틀을 형성하도록 조력하기 ② 효과적인 진로 관련 정보 수집의 방법들을 알고 익히게 조력하기
6		직업세계의 변화 이해와 선호하는 직업 탐색	① 직업세계의 변화 파악으로 효과적인 직업 탐색의 기초를 마련하 도록 조력하기 ② 직업 카드를 활용하여 자신이 선호하는 직업을 탐색하도록 조력 하기 ③ 대학 내 각 전공학과들의 진로를 폭넓게 탐색하도록 조력하기
7	의사 결정 방법 훈련	의사결정유형의 이해와 합리적 의사결정의 훈련	① 의사결정의 종류와 유형을 이해하고 자신의 의사결정유형 탐색 하기 ② 합리적 의사결정 과정에 대해 훈련하여 의사결정에 활용하기 ③ 만족스러운 의사결정을 방해하는 요인들을 탐색하고 해결책 찾기
8	진로 선택 및 계획	직업 목록 축소하기 및 직업자료 기록 용지 작성	① 구체적인 자료에 의해 희망직업 목록들을 자신의 직업가치에 의 거하여 축소하기 ② 선택한 직업에 대한 '직업자료 기록 용지' 작성 및 관련 학과 정 보와 연결해 보기
9		나의 인생설계를 통한 진로 계획 세우기	① 자신의 인생설계를 해 봄으로써 명확한 진로목표를 확인하게 하기 ② 두 종류의 이력서를 써 보게 함으로써 현실적 준비와 최종 학 과 선택하기
10	준비행동 계획 수립	진로목표 달성을 위한 세부계획 세우기 및 효과적 종결	① 자신의 진로목표의 달성을 위해 효과적인 계획을 세우고 실행하 도록 도와주기 ② 10회기의 집단상담 프로그램을 평가하고 효과적으로 종결하기

※ 출처: 이형국(2007). 학과 선택을 앞둔 대학생을 위한 진로집단상담 프로그램이 대학생의 진로발달과 대학생활 적응에 미치는 영향.

앞서 살펴본 자료는 진로집단상담 프로그램의 내용으로 개인별 진로상담 역시 〈표 3-2〉와 같은 진로영역에 따라 진행이 가능하다.

[그림 3-4] 진로상담 개입단계

다음은 각 영역별로 학생들과 논의되어야 할 사항이다.

- 자기이해: 성격, 적성, 흥미, 가치관 탐색
  - 나의 성격은 어떠한가?
  - 내가 좋아하는 것(흥미)은 무엇인가?
  - 내가 잘하는 것(적성)은 무엇인가?
  - 나는 삶에서 무엇이 중요하다고 생각하며 어떻게 살고 싶은가(가치관)?

- 직업세계의 이해: 직업세계 및 변화 이해, 선호하는 직업 탐색
  - 나의 전공과 관련한 직업에는 어떤 것이 있는가?
  - 관심 직업의 직무는 무엇인가?
  - 관심 직업 선택 시 어떠한 환경에서 일하게 되는가?
  - 직업에서 요구되는 능력은 무엇인가?
  - 관심 직업이 과거에는 어떤 직업과 연관 있었고 미래에는 어떻게 변화될 수 있는가?
  - 미래에도 유망 직업으로서 유지될 가능성이 있는가?

- **의사결정 방법 훈련**: 합리적 의사결정에 대한 훈련 실시
  - 진로선택을 위한 의사결정 시 고려해야 할 사항은 무엇인가?
  - 진로선택을 위한 의사결정 시 걸림돌이 되는 것은 무엇인가?

- **진로선택 및 계획**: 관심 직업 목록 축소 및 인생설계
  - 관심 직업 목록 중 우선순위를 매기기 위하여 가장 중요하게 고려해야 할 선택 기준은 무엇인가?
  - 선택한 직업을 통해 어떠한 삶을 살 수 있을 것인가?
  - 나의 진로목표는 무엇인가?

- **준비행동 계획 수립**: 진로목표 달성을 위한 효과적인 계획 수립
  - 가장 시급하게 준비해야 하는 것은 무엇인가?
  - 지금 바로 실천이 가능한가?
  - 계획의 수행 기한이 적절한가?
  - 나의 현재 수준을 반영한 현실적인 계획인가?

학생별 진로문제 상담 시 진로와 관련된 학생의 현재 수준을 확인하여 개입하는 것이 필요하다. 다음은 진로문제에 따른 개입 방법이다.

■ 뚜렷한 목표나 선택한 진로가 없는 경우

진로를 위하여 가장 선행되어야 하는 것이 자기에 대한 이해임에도 불구하고 학생들은 자신이 무엇 때문에 어려움을 가지는지 혼란스러워하는 경우가 많다. 학생이 어려움을 호소할 경우, 그 어려움이 어디에서 기인한 것인지 구체적으로 현재 상태를 탐색한 후 그에 대한 대안을 제시하는 것이 필요하다.

뚜렷한 목표나 선택한 진로가 없는 경우

학생: 벌써 3학년이 되었는데 제가 취업을 할 수 있는지도 잘 모르겠고 앞으로 어떻게 해야 할지 막막합니다.

교수: 전공은 본인에게 잘 맞나요? 현재 상태 확인

학생: 공부 자체는 맞는 것 같은데 막상 취업을 생각하니 좀 더 구체적으로 어느 방향으로 직장을 선택할지 고민을 해야 될 것 같습니다. 관련 직장에서 제가 잘 적응할 수 있을지도 걱정이 됩니다.

교수: 전공에 대해 관심도 있고 공부하는 것에는 무리가 없다고 하니 우선 학생 스스로 본인의 성향에 대해서 이해를 하고 관련 분야의 직업이 무엇이 있는지를 확인하는 것이 필요할 것 같네요. 그래서 나의 특성이 직업에서 요구하는 여러 요인들과 어떻게 부합되는지 확인을 하고 그에 따라 역량을 강화하는 것이 필요하겠어요. 대안 제시

학생: 그런 정보를 어디에서 알아봐야 할지…….

교수: 내가 어떤 특성을 가지고 있는지 확인하고 싶다면 교내 학생상담센터에서 심리검사를 받아보는 것도 방법이 될 수 있고, 직업정보를 알고자 하면 다양한 인터넷 사이트나 교내 취업지원센터에서 정보 취득에 대한 안내를 받을 수 있을 거예요. 너무 어려워하지 않아도 된답니다. 실천의지 북돋기

교내 부서나 관련 기관에 연계한 이후에는 진로상담 모형에 따라 개입이 가능하며, 이와 관련하여 활동을 잘 수행하고 있는지 지속적인 관심이 필요하다.

Tip 심리검사의 활용 및 유의사항

□ **심리검사의 활용**
  – 적용 시기: 학기 초반의 정보가 매우 제한적이고 학생에 대한 이해가 부족할 시에 실시한다.

- 활용 가능한 검사
  - 성격검사[MBTI(성격유형검사), LCSI(종합성격검사), TCI(기질 및 성격 검사), 애니어그램(성격유형검사) 등]를 통하여 학생이 가진 성격에 대한 이해를 돕는다.
  - 적성검사[Holland(직업적성검사), STRONG(직업흥미검사) 등]를 통하여 직업과 관련한 흥미와 적성에 대하여 알 수 있다.
  - 인터넷 사이트를 통하여 무료 심리검사 활용이 가능하다.
  - 그 외의 검사[MMPI(다면적인성검사), SCT(문장완성검사) 등]를 통하여 학생의 현재 상태에 대하여 도움받을 수 있다.
- 검사 결과를 통한 개입
  - 진로상담 시 자기이해 단계에서 다양한 검사를 통하여 자기에 대한 이해를 높이고 그와 관련된 직업세계에 대해 탐색할 수 있다. 이후 절차는 진로상담모형의 절차를 통하여 개입이 가능하다.

□ 심리검사 활용 시 유의사항
- 심리검사는 각 검사마다 검사 실시의 목적과 활용방법이 다르다. 이러한 목적에 맞는 적절한 검사를 실시했을 경우에는 기대했던 효과를 얻을 수 있으나 그러한 이해 없이 무분별한 심리검사의 실시와 활용은 오히려 대상에 대한 선입견과 편견을 제공할 수 있다.
- 심리검사 결과를 활용할 경우, 전문상담기관의 해석을 통하여 결과를 이해하는 것이 가장 안전하다. 이뿐만 아니라 심리검사의 결과에만 너무 의존하여 결정을 내리거나 판단하지 않도록 한다.
- 워크넷(www.work.go.kr)이나 커리어넷(www.career.go.kr)에서 제공하는 무료심리검사를 통하여 진로탐색이 가능하다.

■ 선택한 진로에 갈등이 있는 경우

진로는 선택을 한 뒤에도 많은 것이 염려되고 걱정이 될 수 있다. 특히 학생의 선택과 영향력 있는 주변인(부모님, 교수, 선배 등)의 의견이 다를 경우 혼란을 겪을 가능성이 매우 높다. 이때 학생은 자신의 선택에 막연한 불안감을 느낄 수 있고, 타인의 정보에 매우 민감하게 반응하며 자신이 주체적이지 못한 선택을 할 수 있다. 이러한 경우 이후 만족스럽지 않은 결과가 발생하였을 때, 선택에 따른 결과의 책임을 정보 제공자에게 미루며 상황에 수동적인 태도를 보일 수 있다. 학생이 스스로 자신의 진로를 결정하고 선택한 결과에 대한 책임도 받아들일 수 있도록 개입하는 것이 필요하다.

선택한 진로에 갈등이 있는 경우

학생: 저는 사실 교직이수를 하긴 했지만 교사가 되고 싶지는 않습니다. 그런데 부모님께서는 안정적인 직업으로 교사가 되길 기대하시며 제가 임용고시를 준비하기 바라십니다. 저는 졸업 후 청년창업 기회를 통해 제가 하고 싶은 관심 분야 사업을 하고 싶은데 고민이 됩니다.

교수: 부모님께서는 사업의 위험성을 고려하셔서 안정적인 직장으로 교사를 원하시는 거라고 들리네요. 맞나요? 재진술을 통한 문제 확인

학생: 네.

교수: 부모님께서 염려하시는 위험성에 대해서 어떻게 생각하나요? 구체화

학생: 아는 형의 말로는 요즘 기업에 들어가기도 하늘의 별 따기이고 임용고시를 쳐도 합격률이 낮아서 잘되기 어렵다고 들었습니다. 요즘에는 국가에서 지원해서 창업을 할 수 있도록 도와준다고 하고 점점 관심도가 높아지고 있는 추세라고 들었습니다.

교수: 자신의 진로에 대해 생각해 보고자 하고 주체적으로 활동의지를 가지는 것은 매우 보기 좋습니다. 지지 그런데 몇 가지 우려가 되는 부분이 있네요. 임용고시의 합격률이 낮아도 합격생은 있기 마련이지요. 단지 합격률이 낮다는 이유만으로 선택에서 제외시키기에는 성급한 결론이 아닐까 염려됩니다. 창업을 선택하였을 때 기대하는 결과는 무엇인지, 현실적으로 그러한 결과를 얻기 위해 요구되는 것이 무엇인지 보다 객관적인 자료가 필요합니다. 그리고 부모님께서 우려하시는 위험성에 대해서 보다 구체적으로 여러

측면에서 확인을 통해서 자료를 모아 대비하는 것이 필요할 것 같네요.

대안 제시

학생이 부모님으로 부터 독립하여 주체적인 삶을 살아가도록 돕기 위하여 학생 스스로 진로를 선택하는 과정을 겪을 수 있도록 개입하는 것이 중요하다. 또한 선택 시 득과 실에 대한 이해를 통해 가장 후회하지 않을 선택을 할 수 있도록 독려하는 것이 필요하다.

Tip 진로정보를 확인할 수 있는 사이트

- **공공 직업정보 탐색 사이트**
  - 워크넷(www.work.go.kr)
  - 커리어넷(www.career.go.kr)
  - 대졸취업준비생 전용사이트(jobyoung.work.go.kr)
  - 중소기업 전문 취업 포털(www.ibkjob.co.kr)

- **민간 직업정보 탐색 사이트**
  - 인크루트(www.incruit.com)
  - 리쿠르트(www.recruit.co.kr)
  - 잡코리아(www.jobkorea.co.kr)
  - 사람인(www.saramin.co.kr)
  - 스카우트(www.scout.co.kr)
  - 유니코써어치(www.unicosearch.com)
  - 헤드헌트코리아(www.headhuntkorea.com)

대인관계문제

대인관계는 다양한 관계를 반영하는 경우가 많다. 교우관계뿐만 아니라 학교 내 다른 관계 및 기타 대인관계, 가족관계 등의 관점에서 생각해 볼 수 있다. 이러한 관계영역에서 다음과 같은 사항을 고려하여 개입이 가능하다.

• 자연스럽게 대인관계를 맺고 생활하고 있는가?

• 원만한 대인관계를 잘 맺기 위하여 어떠한 노력을 해 왔는가?

• 현재 겪고 있는 대인관계의 어려움은 주변 환경과 어떤 관련성을 가지는가?

다음은 이러한 사항들에 따른 문제가 확인된 경우에 대한 상담 개입의 실제로, 대인관계문제의 경우에는 정보 제공이나 조언을 통한 개입보다 대상이 호소하는 관계문제의 정도에 따라 전문기관으로의 연계나 간접적인 개입(현실 판단을 위한 객관적 시각 제시, 현재 어려움을 극복할 수 있는 힘을 키우기 위한 공감 및 지지 등)이 보다 효과적일 수 있다. 대인관계문제는 정서, 사고, 행동 측면에서 상황을 어떻게 인식하고 그에 따른 왜곡된 사고는 없는지, 수반되는 정서의 특징은 어떠한지, 그로 인하여 나타나는 특징적인 부적응 행동은 무엇인지에 따라 개입 방법이 달라질 수 있다.

구체적인 대인관계문제에 따른 개입 방법을 살펴보자.

■ 동기들과 지속적인 마찰로 혼자 생활하는 경우

관계에 어려움을 겪는 대상에 대한 개입 시, 스스로 선택하여 관계를 단절하는 경우가 아니라면 관계회복에 대한 기술 부족과 자신이 상대방에게 전달될 때 의사소통 방식에 대한 인식 부족이 있을 수 있다. 상황을 왜곡되게 인식하거나 자신의 특정 사고패턴에 의지하여 상황을 받아들이는 경우 관계에서 마찰이 지속적으로 유지될 수 있으므로 학생이 가진 왜곡된 인식에 대한 전환을 위해 개입이 필요하다. 이러한 개입 시 공격적이거나 상황에 대하여 잘잘못을 따지듯이 될 수 있으므로 유의하여야 한다.

동기들과 지속적인 마찰로 혼자 생활하는 경우

교수: 학과에서 동기들과 마찰이 있다고 들었는데 어떻게 지내요? 문제 확인

학생: 그냥 수업은 들어가는데 동기들과 교류는 별로 없어요.

교수: 동기들하고 어떤 마찰이 있었기에 계속 교류를 하지 않게 되나요? 혹시 기억나는 사건이 있어요? 구체화

학생: 가장 최근에는 학과 MT 때 장기자랑을 준비해야 해서 의견을 내는데 제가 좀 많이 냈어요. 그런데 의견을 하나도 받아 주지 않아서 너무 서운했어요. 그래서 내 의견도 반영해 달라고 했더니 제 의견은 너무 현실성이 떨어진다고 하는 거예요. 괜히 제 의견을 들어주기 싫으니까 말도 안 되는 핑계를 대면서 거절하는 것 같았어요. 왜곡된 사고 그래서 따지다 보면 싸움이 되고…… 뭐 그런 일의 반복인 것 같아요.

교수: 나름 잘해 보고 싶은 마음에 의견을 많이 냈는데 반영이 되지 않아서 속상했겠네요. 공감 이럴 때 너무 속상한 나머지 내 의견이 왜 채택이 되지 못했는지에 대해 좀 더 객관적으로 살펴볼 여유가 없었던 것이 아쉬워요. 시각전환에 대한 제시 상대방이 말한 현실성이 떨어진다는 말을 구체적으로 이유를 물어보고 내가 제시한 주장과 차이가 있지는 않은지 확인해 보는 것도 오해를 줄이는 방법이 될 수 있을 것 같아요. 대안 제시

대인관계에서 어려움을 보이는 경우의 원인은 매우 다양하다. 하지만 그러한 어려움이 타인에게 알려지는 것에 대하여 불편함을 보일 수 있다. 대인관계에서 어려움을 보이는 학생들 중에 대학 입학 이전에도 대인관계에서 지속적으로 관계에 어려움을 보였던 학생은 관계를 잘 맺지 못하는 자신에 대한 부정적인

자기상으로 인하여 자존감이 매우 낮아져 있을 가능성이 많다. 자존감이 낮은 학생은 지지적인 피드백과 긍정적인 자기상 구축이 필요하다. 이를 위하여 장점 부각과 대인관계문제를 해결하기 위한 동기강화가 선행되어야 한다.

■ 그룹 과제에 불안함을 호소하며 회피하는 경우

학교뿐만 아니라 사회생활에서 다른 사람들과의 협동 작업은 필수적으로 당면하게 되는 것이므로 그룹 활동에 대한 연습은 학생들에게 매우 중요한 일이다. 그럼에도 불구하고 다른 사람과 함께하는 작업을 어려워하는 학생들이 많이 있다. 이러한 학생들은 주로 대인관계에서 불안을 겪고 있는 경우가 많으므로 그러한 불안에 대하여 이해하고 개입하는 것이 중요하다.

그룹 과제에 불안함을 호소하며 회피하는 경우

학생: 저…… 교수님. 이번의 그룹 과제를 개인 과제로 제출하면 안 될까요?

교수: 같이 하는 작업에서 어려움이 있는 건가요? 문제 확인

학생: 그룹으로 과제를 하면 제가 속한 조에 괜히 피해를 줄 것 같아 염려가 되고 눈치가 많이 보여요. 그 생각에 자꾸 모임에서 더 말을 잘 못하겠고…… 그러면 다른 조원들은 말을 하지 않는다고 면박을 줄 것 같으니 더 신경이 쓰여요. 불안

교수: 다른 조원들에게 피해를 줄까 봐 걱정이 되나 보군요. 반영 함께하는 작업에서 맡은 역할을 잘 수행할 것을 요구받는 것은 부담이 될 수 있어요. 공감 내가 속한 조에 피해를 줄 것 같아 염려된다고 했는데 재진술 어떤 피해를 줄 것 같아요? 구체화

학생: 제가 남들 앞에서 발표를 잘 못하는 성격이라 누군가는 발표를 해야 하는데 저만 안 하겠다고 하면 발표를 하게 되는 조원이 불공평하다고 생각할 수 있을 것 같아요. 그런데 저는 정말 발표를 못하겠어요. PPT 만드는 것도 어려

워서 저한테 맡기면 이상하게 될 것 같아요. 그러면 조 전체 이미지가 안 좋

아질 것 같아요.

교수: 발표와 PPT가 걱정되는 거군요. 내가 잘하지 못하는 것을 맡게 될 것에 대한

불안감이 높으니 그냥 혼자 하고 싶다는 말로 이해했는데 맞나요? 명료화

학생: 맞습니다.

교수: 발표가 쉬운 일이 아니죠. 많은 연습을 필요로 하고, PPT 역시 처음부터 잘

하는 사람은 없을 거예요. 다른 사람들에게 피해를 줄 것 같다던 말이 이해

가 되네요. 공감 다른 조원들에게 그러한 사정을 조금 이해받을 수 있도록

전달해 보고 조율해 보는 것도 방법이 될 수 있을 것 같아요. 대안 제시

학생: 저는 사실 그 말도 하기가 어려워요.

교수: 그럴 수 있어요. 하지만 상황을 계속 피하기만 하는 것은 대안이 될 수 없어

요. 처음이 필요한 순간이 있는 거죠. 이번 조별 과제는 각자 어떤 것이 어려

운지 각 조별로 조원들의 의견을 취합해서 의논하는 시간을 갖도록 제시해

줄 텐데, 모두가 그 이야기를 나누게 되는 시간이 있으면 일부러 용기 내어

내 이야기를 해야 되지 않으니 부담이 덜할 거예요. 한번 해 볼 수 있겠어요?

실천의지 북돋기

학생: 네, 감사합니다.

이와 같이 학생이 가진 다양한 불안으로 인하여 어려움을 나타낼 수 있다. 그
불안의 이면에는 타인의 시각이나 평가에 매우 민감하게 반응하는 특성이 있다.
이러한 경우, 교수와의 관계에도 매우 높은 불안을 나타낼 수 있으므로 학생을
평가하는 언급은 삼가도록 한다.

■ **이성관계 문제로 어려움을 호소하는 경우**

대학생이 되면 성인으로서 첫발을 내딛는 만큼 청소년기의 풋풋했던 사랑과
달리 이성과의 관계도 깊어진다. 하지만 남자친구에게 의존적인 여학생은 남자

친구와 모든 것을 함께하고자 하고, 여자친구에게 책임의식을 갖는 남학생은 여자친구의 모든 것을 선택하고 제공하고자 할 수 있다. 이러한 관계 모두 스스로의 주체성을 저해할 수 있고, 생활 전반적인 것을 함께할 경우에는 생활 패턴이 흐트러지는 경우가 많다. 이성관계 자체를 나쁘게 볼 것은 아니지만, 의존적이거나 밀착된 관계는 서로에게 좋지 않은 영향을 줄 수도 있음을 염두에 두고 개입하는 것이 필요하다.

이성관계 문제로 어려움을 호소하는 경우
교수: 예전에는 수업을 빠지거나 하지 않았던 것 같은데 최근에 수업시간에 빠지는 일이 많이 생긴 것 같아요. 어떤 변화가 생겼나요? 문제 확인
학생: 아…… 그게…… 실은 남자친구가 많이 아파서 병원에 같이 가 주려고 하다 보니 수업에 빠지게 되고…… 앞으로는 주의하겠습니다.
교수: 남자친구가 너무 많이 아파서 도저히 일어나지 못하고 다른 사람의 도움 없이는 병원에 가기도 어려운 상황이었나요? 구체화
학생: 꼭 그런 건 아닌데…… 제가 마음이 자꾸 쓰여서 따라갔습니다.
교수: 남자친구를 생각하는 마음이 많이 크다는 게 느껴지네요. 공감 병원에 따라가고 싶을 만큼 남자친구가 걱정이 되었군요. 단지 그런 예쁜 마음이 자신의 생활에 영향을 받으면서 지속되는 것은 지양해야 하는 점이 아닐까 판단됩니다. 직면
학생: 저는 남자친구 없으면 안 될 것 같아요. 가족보다 저랑 더 많은 시간을 보내고 저를 챙기거든요. 그래서 저도 남자친구를 많이 챙기고 싶습니다.
교수: 많이 의지가 되는 사람인가 보네요. 공감 누군가의 생활이 무너지거나 흐트러져서는 서로 그런 마음을 오래 유지하기 어렵다고 생각해요. 서로 윈윈할 수 있도록 이번과 같이 무조건 남자친구를 따라가기보다 어떻게 하면 떨어져 있어도 마음을 전하고 안정감을 느낄 수 있을지 남자친구와 함께 대화 나눠 보는 것도 좋을 것 같네요. 대안 제시

앞서 살펴본 바와 같이 이성관계에 있어서 자신의 생활에서 지켜져야 하는 생활규칙과 상관없이 상대의 생활에 무조건적으로 맞추려고 하는 경우, 자기생활 유지에 대한 어려움을 나타낼 수 있다. 이 같은 경우 상대와의 관계에 매우 의존적인 패턴을 가질 가능성이 높으며, 스스로 어려움을 극복하기보다 또 다른 의존대상을 찾고자 하는 특성이 있다. 이를 유지할 경우 반복적인 어려움을 나타낼 가능성이 높으므로 타인의존적인 삶이 아닌 주체적인 삶에 대한 의지를 가질 수 있도록 긍정적인 자기상 구축이 필요하다. 학생이 가진 강점을 지지함으로써 긍정적인 자기상 구축에 도움이 될 수 있다.

■ 가족관계 문제로 어려움을 호소하는 경우

학교에서 보이는 모습과 달리 학생들은 다양한 어려움으로 속앓이를 하고 있을 수 있다. 그중에서도 가장 개입이 어려운 일이 가정 및 가족 문제라고 할 수 있다. 가족은 친구와 달리 관계를 단절할 수도 없을뿐더러, 가정 내 문제가 있는 경우 자신이 해결할 수 없는 일일지라도 그 어려움이 늘 학생을 괴롭히는 일로 작용할 수 있다. 학생의 개인적인 가정사를 속속들이 탐색하고 그에 맞춰서 개입을 하고 해결책을 마련해 주기 어려운 경우가 많다. 가족관계에서 발생하는 문제에 개입을 할 시엔 학생이 가진 정서적인 어려움을 공감하고 지지체계(도움을 줄 수 있는 주변인 및 관련 기관 연계 등)를 마련해 주는 것이 가장 바람직하다.

가족관계 문제로 어려움을 호소하는 경우
교수: 요즘 자주 수업시간에 빠지거나 수업에 들어와도 멍하게 앉아 있던데 무슨 일 있나요? 문제 확인
학생: 잠을 잘 못 자는 일이 잦아서 자꾸 멍해집니다.
교수: 불면증 같은 건가요? 언제부터 그랬어요? 구체화
학생: 그냥 부모님께서 싸우고 나면 항상 좀 생각이 많아져서 잠을 설치게 되고 깊

이 잠들지 못해서 낮에 활동할 때도 영향을 받는 것 같습니다.

교수: 그랬군요. 장단 맞추기 부모님께서 싸우시고 나면 내 생활에 영향을 많이 받을 정도로 부모님의 갈등이 나에게 주는 영향이 크다는 것으로 보이네요. 명료화 많이 힘들었겠어요. 공감

학생: 네……. 부모님께서 오랜 시간 동안 안 좋으셨는데 최근에는 더 심해지셔서…… 특히 아버지가 화를 내실 때 많이 위협적이고 폭력적이셔서 그것을 중재하지 않으면 안 되고, 어느 때는 아버지에 대한 미움이 너무 커서 그것 때문에 잠이 오지 않을 때도 많습니다.

교수: 말하기 쉽지 않은 일이었을 텐데 말을 하게 된 용기가 대단해요. 격려 혹시 그렇게 어려울 때 의논을 하거나 도움받을 대상이 있나요? 문제 완화 및 해 결을 위한 자원 확인

학생: 아…… 너무 심하게 싸우시는 날은 경찰에 한 번 신고를 한 적이 있는데 그 뒤로 아버지가 저에게 배신감을 느끼셨고, 처음에는 잘하겠다 하시고는 다시 제자리로 돌아가셨습니다.

교수: 경찰에 신고를 해야 할 정도였다니 매우 심각했던 것은 아닌가 염려가 됩니다. 학생이 다치지 않는 게 제일 중요한 것 같아요. 하지만 경찰신고에 대한 배신감으로 관계가 더욱 악화되었다면 믿을 만한 친척들이나 이웃에 알려서 위험성에 대해 나누는 것이 좋을 것 같습니다. 환경이 안정이 되어야 마음도 안정될 수 있으니 혼자 고민에 빠지지 말고 주변의 자원을 활용하는 게 필요하겠어요. 대안 제시

가족관계의 어려움은 자칫 학생이 감추고자 하는 가족비밀을 들추어내어 수치심을 주거나 적개심을 발현하게 되는 계기가 될 수 있다. 이때 현재 문제가 되는 상황에서 꼭 다루어야 되는 영역을 명확히 하여 그 선을 고려하며 개입하는 것이 필요하다. 특히 부모-자녀 간의 갈등으로 인한 경우, 개입에서 학생의 마음을 공감하기보다 부모의 입장을 대변하여 섣부른 조언을 하는 것을 지양해야 한다.

⚲Tip 경찰 연계 서비스

• 가정폭력과 관련된 사건으로 의뢰될 경우, 폭력의 근원인 대상과의 격리 조치를 위해 숙박 시설 안내 조치까지 취하여 안전을 보장받을 수 있도록 한다.

• 신고 전 상담을 통하여 신고 시 필요한 사항이나 위급 상황에서 어떻게 대처하면 좋을지에 대해 도움받을 수 있다.

• 112 문자 신고, 이메일 등 다양한 매체를 활용한 신고 및 교류가 가능하므로 다양한 방법으로 경찰 연계를 통한 안전한 환경 조성이 가능하다.

기타 문제

대학생들이 학교생활을 하면서 겪을 수 있는 어려움은 다양하다. 때로는 스스로 어려움을 자각하지 못하고 생활에 큰 영향을 받으면서도 방치되는 경우도 있다. 그러한 학생들을 대할 때는 자신의 문제를 인식할 수 있도록 돕고 그와 관련하여 스스로의 문제 개선에 대한 의지 정도에 따라 개입할 수 있다.

■ **생활습관에 의해 학업 및 기타 규율을 불이행하는 경우**

자신의 생활습관에 대한 비판의식 없이 규율을 어기고 그에 대한 개선의 의지도 없는 경우, 오히려 그러한 학생에 대해 교수의 입장에서 문제해결의 의지가 높아질 수 있다. 이 경우 대상이 스스로 해결해야 하는 의지를 저해할 수 있으며, 자칫하면 스스로 해결방안을 찾지 않아도 누군가가 해결을 해 줄 것이라는 막연한 기대에 의지하게 된다. 이 같은 대상에 대한 개입을 할 경우, 자기 실천 의지를 북돋울 수 있도록 개입이 필요하다. 생활습관은 쉽게 고쳐질 수 있는 것이 아니므로 변화의 시기를 조급하게 생각하고 다그치기보다 잘 수행되었을 때 보다 큰 관심을 보임으로써 행동을 강화하고 조성하는 것이 필요하다.

■ 건강상의 문제로 학습 및 전반적인 수행능력이 떨어지는 경우

지병으로 인한 수행능력 저하는 오랜 기간 만성화된 무기력을 동반한다. 이는 자신이 가진 수행능력 정도를 파악하지 못하여 수행 가능한 일조차 할 수 없는 것으로 오인하게 할 수 있다. 이를 학생이 인식할 수 있도록 돕는 것이 필요하다. 학생이 수행할 수 있는 동아리 추천, 학과 선후배 간의 교류 등 아주 작은 역할을 부여하고, 교류를 통하여 그에 따른 성취감을 느낄 수 있도록 하며, 그와 관련해서 지속적으로 행동을 넓혀 갈 수 있도록 개입이 가능하다.

■ 중독과 관련된 문제를 가진 경우

인터넷뿐만 아니라 스마트폰이 생활 속에 깊숙이 자리 잡음으로써 게임과 SNS 중독이 많이 늘고 있다. 스스로 인식하지 못한 사이에 스마트폰 없이는 불안함을 호소하게 되는 학생들이 많이 있다. 생활에 깊이 영향을 받을 수준이 되면 중독이라고 볼 수 있으며, 중독은 스스로 자각이 어려우므로 전문기관의 도움이 필요할 수 있다.

💡Tip 성인 인터넷 중독 자가진단 척도

_____년_____월_____일   연령_____세   성별 (남, 여)   성명_____

번호	문항	전혀 그렇지 않다	그렇지 않다	그렇다	매우 그렇다
1	인터넷 사용으로 인해 학교 성적(업무 실적)이 떨어졌다.				
2	인터넷을 하는 동안 더욱 자신감이 생긴다.				
3	인터넷을 하지 못하면 무슨 일이 일어났는지 궁금해서 다른 일을 할 수가 없다.				
4	'그만해야지.' 하면서도 번번이 인터넷을 계속하게 된다.				
5	인터넷 사용 때문에 피곤해서 수업(업무)시간에 잔다.				
6	인터넷을 하다가 계획한 일을 제대로 못한 적이 있다.				

7	인터넷을 하면 기분이 좋아지고 쉽게 흥분한다.				
8	인터넷을 할 때 마음대로 되지 않으면 짜증이 난다.				
9	인터넷 사용시간을 스스로 조절할 수 있다.				
10	피곤할 만큼 인터넷을 하지 않는다.				
11	인터넷을 하지 못하면 안절부절못하고 초조해진다.				
12	일단 인터넷을 시작하면 처음에 마음먹었던 것보다 오랜 시간 인터넷을 하게 된다.				
13	인터넷을 하더라도 계획한 일들을 제대로 한다.				
14	인터넷을 하지 못해도 불안하지 않다.				
15	인터넷 사용을 줄여야 한다는 생각을 끊임없이 한다.				

※ 출처: 한국정보화진흥원 스마트쉼센터 홈페이지(http://www.iapc.or.kr)(상담 대표 전화: 1599-0075).

채점 방법	[1단계] 문항별	전혀 그렇지 않다: 1점, 그렇지 않다: 2점, 그렇다: 3점, 매우 그렇다: 4점 ※ 단, 문항 9번, 10번, 13번, 14번은 다음과 같이 역채점 실시 (전혀 그렇지 않다: 4점, 그렇지 않다: 3점, 그렇다: 2점, 매우 그렇다: 1점)
	[2단계] 총점 및 요인별	총 점: ① 1~15번 합계 요인별: ② 1요인(1, 5, 6, 10, 13번) 합계 ③ 3요인(3, 8, 11, 14번) 합계 ④ 4요인(4, 9, 12, 15번) 합계
고위험 사용자군	총 점: ① 42점 이상 요인별: ② 1요인 14점 이상 ③ 3요인 12점 이상 ④ 4요인 13점 이상	
	판정: ①에 해당하거나 ②~④ 모두 해당되는 경우	
	인터넷 사용으로 인하여 일상생활에서 심각한 장애를 보이면서 내성 및 금단 현상이 나타난다. 인터넷으로 이루어지는 대인관계가 대부분이며, 비도덕적 행위와 막연한 긍정적 기대가 있고 일상생활에서도 인터넷에 접속하고 있는 듯한 착각을 하기도 한다. 현실생활에서도 습관적으로 사용하게 되며 인터넷 없이는 한순간도 견디기 힘들다고 느낀다. 따라서 인터넷 사용으로 인하여 학업이나 업무, 대인관계를 제대로 수행할 수 없으며 자신이 인터넷 중독이라고 느낀다. 또한 심리적으로 불안정감 및 대인관계 곤란감, 우울한 기분 등이 흔하며, 성격적으로 자기 조절에 심각한 어려움을 보이며 무계획적인 충동성도 높은 편이다. 현실세계에서 사회적 관계에 문제가 있으며, 외로움을 느끼는 경우도 많다. ※ 인터넷 중독 경향성이 매우 높으므로 관련 기관의 전문적 지원과 도움이 요청된다.	

잠재적 위험 사용자군	총 점: ① 39점 이상 41점 이하
	요인별: ② 1요인 13점 이상
	판정: ①~② 중 한 가지라도 해당되는 경우
	고위험사용자군에 비해 경미한 수준이지만 일상생활에서 장애를 보이며, 필요 이상으로 인터넷 사용시간이 늘어나고 집착을 하게 된다. 학업과 업무 등에 어려움이 나타날 수 있으며, 심리적 불안정감을 보이지만 절반 정도는 자신이 아무 문제가 없다고 느낀다. 다분히 계획적이지 못하고 자기조절에 어려움을 보이며 자신감도 낮아진다. ※ 인터넷 과다 사용의 위험을 깨닫고 스스로 조절하고 계획적인 사용을 하도록 노력한다. 인터넷 중독에 대한 주의가 요망된다.
일반 사용자군	총 점: ① 38점 이하
	요인별: ② 1요인 12점 이하 ③ 3요인 11점 이하 ④ 4요인 12점 이하
	판정: ①~④ 모두 해당되거나 고위험 및 잠재적 위험군에 속하지 않는 경우
	대부분이 인터넷 중독문제가 없다고 느낀다. 심리적 정서문제나 성격적 특성에서도 특이한 문제를 보이지 않으며, 자기행동을 관리한다고 생각한다. 주변 사람들과의 대인관계에서도 자신이 충분한 지원을 얻을 수 있다고 느끼며, 심각한 외로움이나 곤란감을 느끼지 않는다. ※ 때때로 인터넷의 건전한 활용에 대하여 자기 점검을 지속적으로 수행한다.

※ 출처: 한국정보화진흥원 스마트쉼센터 홈페이지(http://www.iapc.or.kr)(상담 대표 전화: 1599-0075).

Tip 성인 인터넷 중독 관찰자 척도

■ 대상자: 연령 _____세 _____성별 (남, 여)   성명 _____
■ 관찰자: 대상자와의 관계_____ 연령 _____세   성명 _____

번호	문항	전혀 그렇지 않다	그렇지 않다	그렇다	매우 그렇다
1	누가 봐도 인터넷에 중독된 것을 단번에 알 수 있다.				
2	인터넷을 사용하더라도 주변 사람들의 시선이나 반응에 무관심하지 않다.				
3	인터넷 때문에 폭력(언어적, 신체적)을 휘두른다.				
4	하루에 12시간 이상 움직이지 않고 한곳에서 인터넷을 한다.				
5	식사나 휴식 없이 화장실도 가지 않고 인터넷을 한다.				
6	인터넷 하느라 주변 사람들에게 무관심하다.				
7	인터넷 때문에 폭력(언어적, 신체적)을 휘두르지 않는다.				

8	인터넷을 하느라 학교나 회사를 무단으로 빠진다.			
9	인터넷 하느라 연락 없이 하루 이상 외박을 한다.			
10	인터넷을 하는데 건드리면 화낸다.			
11	인터넷을 하느라 학교나 회사를 무단으로 빠지지 않는다.			
12	인터넷을 하는 장소에서 잠을 자고 끼니를 때운다.			
13	인터넷을 하느라 눈빛이 흐릿하고 멍하다.			
14	하루 이상 밤을 새우면서 인터넷을 한다.			
15	인터넷을 하느라 씻거나 머리를 감지 않고 이틀 이상을 보낸다.			

※ 출처: 한국정보화진흥원 스마트쉼센터 홈페이지(http://www.iapc.or.kr)(상담 대표 전화: 1599-0075).

채점 방법	[1단계] 문항별	전혀 그렇지 않다: 1점, 그렇지 않다: 2점, 그렇다: 3점, 매우 그렇다: 4점 ※ 단, 문항 2번, 7번, 11번은 다음과 같이 역채점 실시 (전혀 그렇지 않다: 4점, 그렇지 않다: 3점, 그렇다: 2점, 매우 그렇다: 1점)

	[2단계] 총점 및 요인별	총 점: ① 1~15번 합계
		요인별: ② 1요인(1, 5, 9, 12, 15번) 합계
		   ③ 3요인(3, 7, 10, 13번) 합계
		   ④ 4요인(4, 8, 11, 14번) 합계

고위험 사용자군	총 점: ① 39점 이상 요인별: ② 1요인 14점 이상 ③ 3요인 11점 이상 ④ 4요인 11점 이상	
	판정: ①에 해당하거나 ②~④ 모두 해당되는 경우	
	인터넷 사용을 자기의 의도대로 적절하게 조절할 수 없는 상태에 이른 경우로, 대부분의 시간을 인터넷에서 보낸다. 식음을 전폐하고 씻지도 않고 인터넷에 몰두하고 며칠씩 외박을 하기도 하며, 심지어 현실과 사이버 세상을 구분하지 못하고 혼란을 경험한다. 인터넷을 하지 못하게 되면 심각한 불안, 초조, 짜증, 분노를 경험하고 폭력적인 말과 행동을 보이는 등 감정 조절에 어려움이 있다. 가족갈등이나 대인관계문제가 빈번하게 발생하고 학사경고를 받거나 직장에서 쫓겨나는 등 사회생활에 뚜렷한 장애가 있다. 현실생활보다는 인터넷이 생활의 중심이 되어 가족이나 주변 사람들을 전혀 고려하지 않고 사회적인 역할을 수행하지 못하며 하루종일 인터넷에 빠져 있는 상태로 전문적인 치료가 시급한 단계이다. ※ 치료적 접근: 집중치료 요망 전문 치료기관에서 인터넷 병적 사용에 대한 집중적인 치료가 필요합니다.	

잠재적 위험 사용자군	총 점: ① 37점 이상 38점 이하
	요인별: ② 1요인 13점 이상
	판정: ①~② 중 한 가지라도 해당되는 경우
	목적 외에 인터넷 사용시간이 늘어나기 시작하면서 잠재적인 문제가 발생할 수 있는 가능성을 지니고 있기는 하나 현재 뚜렷한 문제없이 일상생활을 유지하는 경우로, 인터넷을 사용할 수 없는 상황에서 궁금함, 답답함, 약간의 짜증을 경험한다. 꼭 필요하지 않아도 습관적으로 인터넷에 접속하여 수시로 메일/방명록을 확인하고 속도가 느리면 기다리지 못하고 재접속하거나 반복 클릭을 하는 등 인내심이 부족해진다. 인터넷을 사용하느라 업무에 지장을 초래할 정도는 아니지만 다소간의 문제가 발생될 수 있다(예: 해야 할 일을 미루게 되어 늦어지거나 퇴근 후 남아서 일을 하게 되는 등). 혼자 보내는 시간의 대부분을 인터넷을 통해 해결하려는 경향성을 보이게 된다. 인터넷이 생활의 중요한 부분을 차지하는 단계이다. ※ 치료적 접근: 관리 요망 　건강한 인터넷 사용과 사회적 · 작업적 기능 수행을 위해 효율적인 시간관리가 필요합니다.
일반 사용자군	총 점: ① 36점 이하
	요인별: ② 1요인 12점 이하　③ 3요인 10점 이하　④ 4요인 10점 이하
	판정: ①~④ 모두 해당되거나 고위험 및 잠재적 위험군에 속하지 않는 경우
	인터넷을 자신의 흥미와 욕구, 목적에 맞게 사용하는 경우로, 인터넷 사용시간을 적절하게 조절할 수 있다. 원하는 목적을 이루고 나면 지체하지 않고 인터넷 접속을 종료한다. 필요에 의해서 인터넷에 접속하고, 당장 인터넷을 사용할 수 없어도 그다지 불편감을 느끼지 않고 참고 기다릴 수 있으며, 인터넷 사용으로 인한 정서, 행동, 직업, 대인관계에 별다른 영향을 받지 않는 건전한 사용자들이 속하는 유형이다. ※ 치료적 접근: 불필요

※ 출처: 한국정보화진흥원 스마트쉼센터 홈페이지(http://www.iapc.or.kr)(상담 대표 전화: 1599-0075).

학생 유형별 개입

　이전 장에서 대학생들이 가진 다양한 어려움에 따른 개입에 대해 알아보았다면, 여기서는 학생의 개별 특징에 따른 개입을 알아보자. 똑같은 문제를 가지고도 학생의 특성에 따라 개입 방법이 달라질 수 있다. 학생과의 관계에서 이러한 특성은 교수의 개인적인 감정(초조함, 불안, 답답함 등)을 불러일으킬 수 있으니 학생을 대할 때 내가 가질 수 있는 감정에 대한 이해도 필요하다. 그러한 이해 없이 개입을 하는 경우, 자칫 학생의 원래 문제에 대한 개입보다 학생의 태도를 지적하게 되어 관계 형성을 망치게 될 수 있다.

다음은 구체적인 학생 유형에 따른 개입 방법이다.

■ 자신의 이야기를 하는 것에 어려움을 보이는 학생

교수와의 상담을 어려워하는 학생 중에서 말 꺼내는 것을 어려워하거나 말하는 것을 조심스러워하는 학생들이 있다. 이러한 학생들과 이야기를 할 때는 학생들이 하고자 하는 이야기의 내용을 계속해서 되묻기보다 이야기를 꺼내기 어려워하는 이유에 대한 요인을 확인하고 그러한 장애요인을 우선 제거하는 것이 필요하다. 그러한 장애요인이 제거된 후에는 학생이 훨씬 더 자신의 이야기를 자유롭고 편안하게 할 수 있게 된다.

자신의 이야기를 하는 것에 어려움을 보이는 학생

교수: 어서 와요. 오늘 처음 면담인데 학교생활이 어때요? 일상적 질문하기

학생: 네…… 그냥…… (침묵)

교수: 말하는 것이 어려운가요?

학생: 아닙니다.

교수: 말은 아니라고 하지만 긴장된 기색이 많이 보여요. 비언어적 표현과의 불일치 반영 교수를 대상으로 쉽게 말을 하는 사람은 많지 않죠.

학생: 긴장되기보다 뭘 어떻게 말해야 할지 잘 모르겠어요.

교수: 그럴 수 있어요. 그럼 쉽게 좀 더 구체적으로 물어볼게요. 어려움 수용 학교에서 수업시간이 아닐 때는 잘 보이지 않아서 학교생활에 어려움이 있지는 않은지, 학교 수업시간 외에는 어떤 것들을 주로 하는지 궁금했어요. 어떤 활동들을 하나요? 구체화된 개방적 질문

※ 묻는 말에 답을 잘하지 못하는 이유가 질문을 이해하기가 어려워서인 경우도
있다. 그런 경우 이해할 수 있도록 쉽게 다시 말해 주는 것이 필요하다. 또한
무엇을 묻고자 하는 것인지 이해를 하지 못한 경우에는 이와 같이 상황을 보
다 구체적으로 설명하며 질문하는 것이 좋다.

학생: 학교생활에서 크게 어려움은 없습니다. 그냥 빈 시간에는 도서관에 가거나
　　　크게 할 일이 없으면 집에 가는 편입니다.

교수: 주로 혼자 하는 일들이라고 보여지는데 학교 동기들과 함께 활동을 할 때는
　　　없나요? 　다른 상황과 비교하여 현재 상태 탐색

학생: 동기들을 일부러 멀리하는 것은 아닌데 그렇다고 크게 친하지도 않아서 같
　　　이 뭘 하거나 하지는 않았습니다.

교수: 혼자 다니는 건 편하게 생각하는 편인가요? 　상황의 문제 여부 확인

※ 무조건 혼자 다니는 학생을 외톨이로 보는 것은 선입견에 의한 잘못된 인식
일 수 있다. 학생이 원래 혼자 있는 것을 즐기는 학생이라면 대인관계 어려움
을 느끼기보다는 그룹 활동에서 어려움을 가질 가능성이 높다. 대상이 가진
어려움을 다각적인 측면에서 이해하는 것이 필요하다.

학생: 그렇지는 않은데 어쩔 수 없으니까…… (목소리 작아짐)

교수: 혼자 다니는 걸 좋아하는 게 아닌데 동기들과 친해질 기회가 없어 어쩔 수
　　　없이 혼자 다닌다는 말로 들리는데 맞나요? 　명료화

학생: 네…… 아마…… (말끝 흐림)

교수: 어쩔 수 없이 혼자 다닌다니 힘들 수도 있겠어요. 대답을 하면서 말끝이 흐
　　　려지는데 말하고 나니 어때요? 　행동 반영

학생: 조금 부끄럽습니다.

교수: 어떤 점이 부끄럽나요? 　구체적 감정 탐색

학생: 제가 교수님께 사교성이 부족한 사람처럼 보이는 것 같아서요.

교수: 나에게 어떻게 비춰질지 걱정이 되어서 말하는 게 조심스러웠군요. 　감정 반영
　　　충분히 그 상황이 이해가 되고 혼자 다니는 학교생활이 힘들게 느껴질까 봐

염려가 될 뿐 사교성이 부족한 학생으로 보이지는 않아요. 학과에 동기들과 친해질 수 있도록 학과 활동에 참여도 하고 기회를 조금씩 노려 봅시다. 대안 제시 너무 거창한 게 아니니 어렵지 않게 할 수 있는 활동이 있으면 추천도 해 줄게요. 해 볼 수 있겠어요? 실천의지 북돋기

학생: 네. 한번 해 보겠습니다.

학생들은 자신이 타인에게 어떻게 비춰질지에 대한 불안감과 잘 보이고자 하는 욕구를 가지고 있다. 이러한 학생들의 욕구를 이해하여 자기 이야기를 하는 것에 어려움을 가지는 학생은 '긴장하지 말고 말해 보아라.' 하는 식의 표현은 강요처럼 느껴질 수 있어 오히려 더 긴장하게 만들 수 있다. 학생이 어려워하는 요인에 대해 공감해 주고 그에 대해 이상하게 생각하지 않고 수용하는 태도로 임하는 것이 필요하다.

■ 자신의 문제 행동을 인식하지 못하고 남의 탓만 하는 학생

대학생이 되면 성인으로서 자신의 행동에 책임을 지는 것은 당연한 일이다. 하지만 학생 중에는 담임교사나 부모가 책임을 지고 자신의 일을 처리해 주던 때와 분리가 되지 못한 경우도 있다. 중요하게 처리되어야 하는 일에 대해서는 발생할 수 있는 변수에 대비하여 미리 준비하고 대처해야 한다는 것을 뒤늦게 알게 되는 경우가 있다. 하지만 그런 과정에서 남의 탓을 하며 문제를 바로잡아 주기를 우기면서 해결을 요구하는 학생들도 있다. 이런 경우 학생이 보이는 태도에서 시시비비를 가리고자 하는 것은 오히려 감정을 더욱 격앙시키고 고집스러운 반응을 강화시키는 상황이 될 수 있다. 학생이 취하는 태도에 초점을 두기보다 그 학생이 어떤 감정을 호소하고 있는지 알고 공감해 주면서 감정이 누그러들도록 개입하는 것이 필요하다.

자신의 문제 행동을 인식하지 못하고 남의 탓만 하는 학생

교수: 면담을 급하게 요청했는데 어떤 일로 그러나요? 문제 확인 및 구체화

학생: 제가 지난번에 과제를 친구에게 대신 내도록 부탁을 했었는데 그게 누락이 되어서 성적에 반영이 되지 않은 것 같습니다. 지금 제출 드리니 성적에 반영해 주셨으면 합니다.

교수: 학생이 노력한 과제가 성적에 반영이 되지 않아 속상한 마음은 이해가 됩니다. 공감 하지만 이미 성적 정정기간도 지났고 성적처리가 끝난 상황이라 처리를 하기에는 무리가 있네요. 현실적인 상황 전달

학생: 그 친구가 냈다고 했는데 학과에서 처리가 안 된 것 아닌가요?(격앙된 목소리)

교수: 친구가 과제를 냈다고 했는데 학과에서 처리가 되지 않은 것 같아 화가 난 것 같네요. 감정 반영

학생: 네. 그 친구가 똑바로 제출을 하지 않은 건지, 학과에서 누락이 된 건지는 모르겠지만 저는 과제를 냈으니 성적에 반영해 주셨으면 합니다.

교수: 화도 많이 나고 속상한 마음이 이해가 됩니다. 공감 성적이 한꺼번에 모두 처리되는 것이 아니라 미리 확인이 되었다면 수정의 여지가 있었을 수도 있는데 혹시 그 기간에 어떤 일이 있었나요? 문제에 대한 구체적 상황 탐색

학생: 아니요. 그냥 몰랐어요. 저는 냈으니까 당연히 처리가 돼 있는 줄 알고 신경을 못 썼습니다.

교수: 저런, 안타깝군요. 어디서부터 잘못이었는지는 알 수 없지만 사람이 하는 일이니 어떤 일이 생길지 알 수가 없답니다. 학교에서는 행정업무가 일괄적으로 처리되기 때문에 정정기간을 통하지 않는 수정은 전산의 오류가 아닌 이상 수정이 어렵답니다. 앞으로는 이번과 같이 안타까운 일이 벌어지지 않도록 미리 정정기간에 확인하는 것이 필요하겠네요. 대안 제시

학생의 요구를 들어 보았을 때 그것이 학생만의 책임이라고 볼 수 없는 경우, 현실적으로 반영 가능한 요구인지 객관적으로 확인한 뒤 학생의 감정을 고려하

여 요구에 대한 답을 하는 것이 좋다.

■ 문제에 대한 인식은 있으나 해결의지가 낮은 학생

어떤 어려움에 처한 학생을 만나다 보면 그 어려움에 대하여 해결의지가 높은 학생과 달리 매우 무기력한 태도를 보이거나 어려움을 해결하고자 하는 의지를 상실한 학생을 만날 수 있다. 이는 이미 그 문제에 너무 오랜 기간 노출이 되어 더 이상 희망이 없다고 체념을 하였거나, 스스로 해결할 힘이 없다고 생각될 때이다. 희망이 없다고 생각하는 대상에게는 해결책을 마련해 주는 것보다 희망을 가질 수 있는 전환된 시각을 제시하는 것이 좋으며, 스스로 해결할 힘이 없다고 생각하는 대상에게는 공감과 지지(격려)를 통하여 해결을 위한 힘을 가지도록 개입하는 것이 필요하다.

문제에 대한 인식은 있으나 해결의지가 낮은 학생
교수: 지난번에 부모님과 갈등이 있어서 어려워했다고 들었던 기억이 나는데 지금은 어때요? 잘 지내나요? 〔문제 확인〕
학생: 어차피 부모님은 변하지 않으실 거니까 그냥 해결될 수 있는 문제도 아니고 해서 그냥 포기했어요. 집에서도 방에서만 지내요.
교수: 지난번에는 부모님과 갈등이 있어서 학과생활에 몰입도 잘되지 않고 걱정이 된다며 많이 우울해했던 것 같은데 지금은 마음이 많이 달라진 것처럼 보이네요. 계기가 있어요? 〔현재 상태를 반영한 구체화〕
학생: 얼마 전에 집에서 부모님께서 제 취업문제로 또 싸우셨어요. 그냥 제 문제이니 제가 알아서 하겠다고 했는데 마치 저는 없는 사람 취급하셨어요. 그래서 저는 어차피 말해 봤자 소용없구나 싶어서 이제 그만 포기해야겠다는 생각이 들었어요.
교수: 나 때문에 부모님께서 싸우시는 것을 봐서 속상하기도 하고, 한편으로는 책

임감이 느껴져서 중재를 하려고 한 것으로 보이네요. 재진술

학생: 네. 맞습니다.

교수: 그런데 부모님께서 내가 노력하는 것은 무시하시고 나의 문제를 두 분께서 만 감정적인 싸움으로 일관하시니 많이 속상했겠어요. 공감

학생: 네. 마치 두 분 관계에 저는 걸림돌만 되는 것 같고 도움은 되지 않는 쓸모없 는 존재처럼 느껴져서 너무 속상했어요. (눈물 글썽임)

교수: 속상했던 마음 때문에 더 이상 노력하고 싶지 않고 포기하려는 마음이 충분 히 이해가 되네요. 공감 그래도 부모님 때문에 속상해하는 것을 보니 아직 부모님과 관계를 저버린 것 같지는 않고 오히려 그런 마음을 알아주셨으면 하는 것 같네요. 해석

학생: 네. 사실은 부모님께서 제 마음도 좀 알아주셨으면 하는 마음이 아직 많은 것 같아요.

교수: 학생이 그런 마음을 가졌다는 것을 부모님께서 아실 수 있도록 전달하는 방 법을 찾아야겠네요. 감정이 격앙되지 않은 상황에서 말을 한번 해 보는 건 어떨까요? 대안 제시

학생: 네. 한번 시도해 보겠습니다. 감사합니다.

학생들이 겉으로 보이는 말이나 행동의 의미만 보고 개입을 하기에는 그 이 면에 있는 진짜 숨은 마음을 보기가 어렵다. 당장의 말의 의미를 쫓기보다 이전 과 달라진 점, 비언어적 표현과 언어적 표현의 일치성 등을 다각적으로 파악하 면서 의미를 이해하는 것이 필요하다. 실제로 학생 스스로도 감정에 휩싸여서 어떤 것이 진짜 감정인지 알 수 없는 상태인 경우가 많다. 대단한 해결책을 제시 해 주지 않아도 감정을 반영하고 공감해 주는 것만으로도 학생 스스로 어려움에 대한 해결책을 찾을 수 있을 것이다.

■ 자신의 문제에 대해 타인에게 의존적으로 해결책을 요구하는 학생

학생들 중에는 자신에게 어려움이 생겼을 때 주변 사람들에게 끊임없이 조언을 구하는 것을 반복하지만 결국 선택에 어려움을 겪으며 다른 사람이 대신 처리해 주기를 기대하는 학생이 있다. 이런 행동을 보이는 학생은 스스로의 선택에 확신이 없고 주변 사람의 말에 영향을 매우 크게 받는 특징을 보인다. 자신의 의견보다 주변 사람의 의견에 더욱 크게 영향을 받는 이유는 스스로에 대해 자신이 없고 주체적으로 자신의 미래를 생각해 본 적이 없음에서 오는 불안일 수 있다. 이러한 불안이 한 번에 해결될 수는 없으나, 성인으로서 자신의 미래를 준비하고 생각하고 고민하는 과정을 통해 책임감을 배우고 성숙될 수 있음을 알아가는 것이 필요하다. 학생이 이러한 과정에 대해 받아들이기 어려워할 수 있으며, 그 과정이 당연히 힘들 수 있음을 공감하고 지속적인 시도를 할 수 있도록 격려하는 것이 좋다.

자신의 문제에 대해 타인에게 의존적으로 해결책을 요구하는 학생

학생: 교수님, 제가 이번에 휴학을 하려고 하는데 어떻게 하는 게 과연 옳은 선택인지 알 수가 없어서 교수님께 조언을 좀 구하고 싶습니다.

교수: 고민이 많이 되나 보네요. 반영 휴학을 하고자 하는 이유는 무엇인가요?

학생: 그냥 진로를 결정 못 하겠어서 한 일 년 정도 아르바이트를 하면서 지내다 보면 하고 싶은 일이 생기지 않을까 싶어서요. 교수님이 보시기에 제가 어떤 일이 좀 어울린다고 생각되세요?

교수: 내가 그것을 알려 주기보다 학생이 하고 싶은 일을 찾는 게 어떤 이유에서 어려운지 아는 것이 필요할 것 같군요. 직면

학생: 저는 저를 잘 모르겠어요. 다른 사람들이 말할 때 저는 사람들과 어울리는 걸 좋아하니 서비스업이 맞을 것 같다고 하고, 부모님은 안정적으로 지금 학과랑 연계된 기업에 들어가도록 자격증을 준비하라고 하시는데, 제가 뭘 해

야 좋을지 판단이 잘 서지 않아서요. 누가 좀 정해 주었으면 좋겠어요. 저는 한 가지 활동을 오래 해 본 적이 없어서 선택하는 게 너무 어려워요.

교수: 선택은 누구에게나 어려운 일이지요. 하물며 자신의 인생을 결정짓는 진로라면 더욱더 어렵게 느껴지기 마련입니다. 그런 어려운 일일수록 스스로 선택을 하는 노력이 필요합니다. 그래야 나중에 그 선택에 대한 책임으로 신중한 선택을 할 수 있게 되고 후회도 적어지게 된답니다. 대안 제시

학생: 어디서부터 선택하는 것을 고려해야 할지 잘 모르겠습니다.

교수: 일단 자신에 대한 이해부터 하는 것이 필요하니 교내 학생상담센터에서 심리검사를 통해 자신의 성격이나 적성, 흥미를 알아보고 그와 관련해서 내가 지금 흥미가 있는 직업이 맞는지 매칭해 보는 것도 도움이 되겠네요. 정보 제공 다른 사람들로부터 정보를 구하고 도움을 청하는 것은 괜찮지만 결정적인 선택은 스스로 내려야 한다는 것을 명심하길 바라요. 현실적인 조언

대학생들은 학생으로서의 마지막일지 모르는 소속감에서 벗어난다는 해방감보다는 독립에 대한 불안감과 부담감이 더욱 클 수 있다. 자신의 인생을 부모로부터 온전히 분리하여 책임을 진다는 것은 매우 어려운 일일 수 있다. 그럴수록 주변의 도움을 잘 활용하되 그러한 정보를 취합하여 합리적인 의사결정을 내리는 것은 학생 자신이어야 한다. 그러한 과정을 통하여 독립적이고 주체적인 인간으로서 거듭날 수 있다.

■ **이성 교수에 대한 불편함을 나타내는 학생**

뉴스를 통해 성추행이나 성과 관련된 사건의 빈도가 점차 늘어 감에 따라 교수-학생 간의 성과 관련된 문제 역시 중요한 이슈가 되고 있다. 이성 교수에게 불편함을 보이는 학생이 있을 시 이에 대처하는 일은 매우 민감하며 조심스러운 일이 될 수 있다. 이뿐만 아니라 학생들이 이성 교수에게 느낄 수 있는 불편감을

말로 표현하는 것은 매우 어려운 일이다. 교수의 입장에서 먼저 그러한 가능성
도 고려하여 대처하는 것이 좋다. 이성의 학생이 내방하여 긴장감을 보이는 경
우, 옆에 앉기보다 마주 앉고 비밀보장이 필요 없는 내용의 면담 시에는 문을 살
짝 열어 두는 것도 안정감을 줄 수 있다. 또한 면담의 목적과 그에 따르는 소요
시간에 대한 안내를 통하여 학생이 긴장감을 언제까지만 느끼면 되는지 알 수
있도록 하여 과도한 긴장감 조성을 예방한다.

이성 교수에 대한 불편감을 나타내는 학생

교수: 반가워요. 내 연구실에는 처음인가요?

학생: 네, 교수님. 어쩐 일로 부르셨는지……. (테이블 제일 구석진 곳에 자리하고
앉음)

교수: 마주 보고 앉아도 되는데 멀리 앉은 걸 보니 뭔가 불편한가 보네요. 행동 반영

학생: 아…… 그렇게 별로 불편하지는 않습니다. (목소리가 작아지고 어깨가 바짝
긴장한 듯한 느낌)

교수: 오늘 면담의 목적과 소요되는 시간을 함께 정하고 시작할게요. 이후 일정이
어떻게 되나요? 상황에 대한 구조화를 통한 안심시키기

학생: 저는 크게 일정은 없는데 어머니께서 빨리 들어오라고 하셔서…….

교수: 그래요. 어머님이 걱정하실 수 있으니 한 20분 정도 이야기를 나누고 헤어
지는 것으로 할게요. 괜찮겠어요?

학생: 네, 괜찮습니다.

교수: 학생이 학교에 잘 적응하고 어려운 것은 없는지 궁금하고, 앞으로 학교생활
에서 어떤 계획을 하는지에 대해 나누고자 합니다. 이 모든 주제를 시간 안
에 다 나눌 수 없으면 다음 면담 때 또 이야기를 나누어도 되니 편하게 시작
해 볼까요? 면담의 목적 제시 및 안정감 조성

하지만 교수의 입장에서 자신과 함께 있는 것으로 긴장을 한다고 생각하였던 것과 달리, 확인되는 불편감이 학생의 개인적인 불안에서 유발된 긴장감일 수 있다. 그로 인하여 비밀을 요하는 면담을 요청하는 경우에는 이와 같은 과정과 다르게 개입되어야 한다는 점을 유념해야 한다.

정신병리와 관련한 오해와 진실

상담을 의뢰받을 때 "우리 아이가 병원에 가서 약물치료를 받아야 하는 것 아닌가요?" 하는 부모님과 "이 학생은 약물복용이 시급해 보입니다. 학교에서 너무 이상한 행동을 일삼고 있어요."와 같은 내용을 흔히 접하게 된다. 어떤 한 대상에 대한 인식을 가질 때 우리가 이상행동으로 규정하고 그에 대한 개입을 하려면 어떤 것들이 고려되어야 할까? 이상행동이라고 판단될 때 약물복용이 가장 효과적인 처방일까? 학생들이 가진 정신병리적 증상에 대한 이해와 이상행동을 규정하는 기준, 약물처방과 복용에 대한 지식이 있다면 학생들에 대한 개입에 보다 도움을 받을 수 있을 것이다.

다음은 구체적인 정신병리에 대한 안내이다.

Q & A

• 정신건강의학과 진료를 통한 약물처방은 어떤 경우에 받는 것인가요?

- 스스로 해결이 어렵거나 도움이 필요한 경우 적절한 약물처방을 통하여 증상을 상당 부분 해결할 수 있습니다. 실제로 급성 우울의 경우 조기에 빠른 약물복용을 통하여 큰 효과를 얻을 수 있습니다. 그 외 다양한 어려움은 병원에서 구조화된 검사를 통하여 진단을 받고 약물처방을 통하여 도움을 받을 수 있습니다.

• 정신건강의학과 치료를 받으면 기록이 남아서 취업에 영향이 있을까 봐 걱정돼요.
  – 병원 기록은 개인정보이므로 본인의 동의 없이 강제로 열람할 수 없습니다. 스스로 병원 진료 기록을 제공하지 않는 이상 기업이나 기관에서 본인의 동의 없이 정보를 취득하여 영향을 줄 수 있는 권한이 없다는 것입니다. 하지만 보험 가입 시 보험의 특성에 따라 병력에 따른 가입 제한이 따를 수 있습니다.

불안장애

대학생들이 대학생활을 하면서 가장 많이 나타낼 수 있는 것이 불안장애이다. 불안은 누구나 생활 속에서 경험하는 감정으로 불쾌감을 주지만 우리의 안전을 지키게 하는 중요한 장치이다. 불안함을 느끼지 않는다면 높은 곳에 올라가서 조심성 없는 행동을 하게 되어 자칫 추락의 위험에 놓이게 되거나, 죄의식에 따른 불안 없이 비양심적인 행동을 하게 되면서 사회적인 문제를 일으킬 수도 있다. 하지만 이 같은 불안이 적절히 발현되어 제 기능을 하지 못하고 과도한 불안을 야기하였을 때 문제가 될 수 있다. 다음은 불안장애의 종류이다.

• 늘 불안하고 초조해하고 사소한 일에도 잘 놀라고 긴장하며, 다양한 상황에서 만성적 불안과 과도한 걱정을 보이는 **범불안장애**
• 특정한 대상이나 상황에 대한 강렬한 공포와 그러한 대상이나 상황에 대한 회피반응을 특징적으로 나타내는 **특정공포증**
• 다른 사람들을 불편하게 만드는 것에 대한 두려움을 가지는 **사회불안장애**
• 예상하지 못한 상황에서 밀려드는 극심한 공포, 곧 죽지 않을까 하는 강렬한 불안을 나타내는 **공황장애**

Tip 사회불안장애의 진단과 치료

• 사회불안장애의 진단(DSM-5 기준)

※ DSM-5는 '정신질환의 진단 및 통계편람 제5판'을 의미한다. 『정신질환 진단 및 통계편람(Diagnostic and Statistical Manual of Mental Disorders: DSM)』은 미국정신의학협회(American Psychiatric Association)가 출판하는 서적으로, 정신질환의 진단에 있어 가장 널리 사용되고 있다.

사회불안장애는 다양한 관계를 맺어야 하는 대학생들에게 자주 나타날 수 있는 장애로서 진단 기준을 살펴보면 다음과 같다.

• 사회불안장애의 진단 기준

A. 타인에게 면밀하게 관찰될 수 있는 하나 이상의 사회적 상황에 노출되는 것을 극도로 두려워하거나 불안해한다. 그러한 상황의 예로는 사회적 관계(예: 대학에 입학하여 새로운 사람과 만나야 하는 상황), 관찰되는 것(예: 음식을 먹거나 마시는 자리-신입생 오리엔테이션 및 MT), 다른 사람들 앞에서 수행을 하는 것(예: 수업 내 그룹 과제 발표)을 들 수 있다.

B. 다른 사람들에게 부정적으로 평가되는 방향(수치스럽거나 당황한 것으로 보임. 다른 사람을 거부하거나 공격하는 것으로 보임)으로 행동하거나 불안 증상을 보일까 봐 두려워한다.

이와 같은 상황에서 사회문화적 맥락을 고려할 때 과도한 것으로 판단되는 사회적 불안과 회피행동이 6개월 이상 지속되어 심한 고통을 경험하거나 사회적, 직업적 활동에 현저한 방해가 초래될 경우 사회불안장애로 진단될 수 있다.

※ 이 기준은 참고용이므로 이와 부합되는 기준을 가진 학생이 있다 하더라도 전문가의 진단이 아닌 이상 학생을 이와 같은 진단명으로 분류하여 인식하는 것은 매우 위험할 수 있다.

• 사회불안장애의 치료

– 인지행동적 집단치료: 사회적 상황에서 갖게 되는 부정적 사고와 신념을 수정하는 인지적 재구성, 여러 집단 구성원 앞에서 발표를 하는 등 두려운 사

> 회적 상황에의 반복적 노출, 발표자와 청중의 역할을 번갈아 하는 역할 연습, 그리고 불안을 이완시키는 긴장이완 훈련 등
> - 약물치료: 베타억제제를 비롯한 삼환계 항우울제와 MAO억제제, 세로토닌 재흡수 억제제가 사용 가능
>
> ※ 약물치료의 경우 약물을 중단하면 증상이 재발하는 경향이 있으므로 적절한 치료가 병행되는 것이 필요하다.

이와 같은 사회불안장애는 대학생활 중 다양한 장면에서 발견할 수 있다. 지도교수로서 개입을 위해서 할 수 있는 대처방법은 다음과 같다.

■ 대학에 갓 입학하여 적응에 어려움을 보이는 경우

모든 소속 학생이 모이는 학과 행사에서 동떨어져서 참여를 어려워하는 대상이 있으면 이미 학교에 익숙한 대상(선배, 조교 등)을 통해 활동의 계기를 마련해 준다.

■ 조별 과제에서 수행이 어려운 경우

조별 과제 시 개별 특성을 고려한 역할분장을 할 수 있도록 하고 조별뿐만 아니라 개별 평가를 통하여 한 사람의 실수로 인한 연대책임을 막을 수 있도록 방안을 제시한다.

■ 수강시간표의 차이로 인하여 혼자 밥을 먹거나 강의를 들어야 하는 경우

혼자 있는 시간을 채울 수 있는 활동(도서관에서 과제 수행, 목표를 통한 교과목 외 공부 등)을 제안한다. 또한 혼자 밥을 먹어도 무관한 식당(1인 식당)에 대해 안내하고, 비슷한 시간에 함께할 수 있는 대상을 소개한다.

■ 발표를 해야 하는 경우

발표 당시 혹은 발표 후 생길 수 있는 불안 상황을 미리 알고 대처한다. 발표 전 발표자의 긴장감과 불안을 완화할 수 있도록 청중에게 비난의 말이나 웃음을 자제할 것을 제시한다.

학생들의 모든 불안에 개입하기엔 어려움이 있을 수 있다. 하지만 작은 배려를 통해 학생들의 불안이 상당 부분 해소될 수 있다는 것을 염두에 두고 가장 작은 배려부터 실천하는 것이 중요하다.

우울장애

우울장애는 슬픔, 공허감, 짜증스러운 기분과 같은 여러 감정과 신체적 · 인지적 증상으로 인해 개인의 기능을 현저하게 저하시키는 부적응 증상을 의미한다(권석만, 2013). 우울장애는 매우 극심한 고통을 유발하지만 가장 흔하게 발견되는 장애이기도 하다. 대학생들이 겪을 수 있는 우울장애는 다음과 같다.

- 지속적으로 우울한 기분과 즐거움의 현저한 저하를 보이는 **주요 우울장애**
- 우울증상이 2년 이상 지속적으로 나타나는 만성적인 경우의 **지속성 우울장애**
- 여성의 월경이 시작되기 전 주에 정서적 불안이나 분노감, 일상 활동에 대한 흥미 감소를 주기적으로 나타내는 **월경전기 불쾌장애**
- 기분상태의 변화가 심해서 우울증상과 조증증상을 반복하는 **양극성 및 관련 장애**

Tip　주요 우울장애의 진단과 치료

• **주요 우울장애의 진단(DSM-5 기준)**

– 다음의 증상 가운데 5가지(또는 그 이상)의 증상이 2주 연속으로 지속되며 이전의 기능 상태와 비교할 때 변화를 보이는 경우, 증상 가운데 적어도 하나는 (1) 우울 기분이거나 (2) 흥미나 즐거움의 상실이어야 한다.

① 하루의 대부분, 그리고 거의 매일 지속되는 우울한 기분이 주관적 보고(예: 슬픔, 공허감 또는 절망감)를 하거나 객관적 관찰(예: 눈물 흘림 등)을 통해 나타난다.

② 거의 모든 일상 활동에 대한 흥미나 즐거움이 하루의 대부분 또는 거의 매일같이 뚜렷하게 저하되어 있다.

③ 체중조절을 하고 있지 않은 상태에서 현저한 체중감소(예: 1개월 동안 5% 이상의 체중변화)나 체중증가가 나타난다. 또는 현저한 식욕감소나 증가가 거의 매일 나타난다.

④ 거의 매일 불면이나 과다 수면이 나타난다.

⑤ 거의 매일 정신운동성 초조나 지연이 나타난다(객관적으로 관찰 가능함. 단지 주관적인 좌불안석이나 처져 있는 느낌뿐만이 아님).

⑥ 거의 매일 피로감이나 활력상실이 나타난다.

⑦ 거의 매일 무가치감이나 과도하고 부적절한 죄책감(망상적일 수도 있는)을 느낀다(단순히 병이 있다는 데 대한 자책이나 죄책감이 아님).

⑧ 거의 매일 사고력이나 집중력의 감소 또는 우유부단함이 주관적 호소나 관찰에서 나타난다.

⑨ 죽음에 대한 반복적인 생각이나 특정한 계획 없이 반복적으로 자살에 대한 생각이나 자살기도를 하거나 자살하기 위한 구체적 계획을 세운다.

– 이러한 우울증상으로 인하여 임상적으로 심각한 고통이나 사회적, 직업적, 기타 중요한 기능 영역의 손상이 초래되어야 한다.

– 우울증상이 물질(남용하는 물질이나 치료약물)이나 일반적 의학적 상태(예: 갑상선 기능저하증)의 직접적인 생리적 효과에 의한 것이 아니어야 한다.

※ 성인 대상의 진단 기준으로 아동 및 청소년은 다르게 나타날 수 있으므로 섣부른 진단을 삼간다.

> • 주요 우울장애의 치료
> −인지치료: 우울한 사고내용을 정밀하게 탐색하여 인지적 왜곡을 찾고 교정,
>   더 현실적이고 긍정적인 사고와 신념 유도
> ※ 짧은 치료기간과 낮은 재발률을 보임
> −약물치료: 삼환계 항우울제, MAO억제제, 세로토닌 재흡수 억제제 등

대학생들이 학교생활 중 나타낼 수 있는 우울증상은 다양하며, 그와 관련한 개입에 대하여 제시하면 다음과 같다.

■ 수행능력의 저하(잦은 지각 및 결강, 과제 미제출 등)

우선 게으름으로 표현될 수 있는 수행능력의 저하가 우울증상으로부터 기인한 것인지 면담을 통하여 확인이 가능하므로, 면담을 통하여 학생의 수행능력 저하의 원인을 확인한다.

■ 일상생활 관리 능력의 저하(위생상태 불결, 남루한 행색 등)

자신을 돌볼 힘과 의지를 상실하여 일상생활 관리가 되지 않아 외모에서 불쾌감을 주는 경우 대인관계에까지 영향을 미칠 수 있으므로 주변의 자원(동기 및 선배, 관련 복지시설 이용 등)을 활용하여 그러한 상태에서 벗어날 수 있도록 개입이 필요하다.

■ 자해나 자살 욕구 발현

높은 우울감은 자살로 이어지는 가장 큰 원인이므로, 자해나 자살시도의 사실을 알게 되었을 경우 주변에서 학생의 상태를 늘 살필 수 있도록 알리는 것이 필요하다. 자살 관련 전문기관(정신건강증진센터 및 자살예방센터)에 의뢰하여 24시간 상담 및 사례관리를 받을 수 있도록 연계한다.

우울장애의 경우 매우 낮은 자존감에 기반을 두므로 지지와 격려에서 근거한 개입이 필수적이다. 아주 작은 비난에도 자신의 탓으로 향하게 되어 우울증상이 강화될 수 있으니 적절한 전문기관의 도움을 받을 수 있도록 제시가 필요하다. 또한 자살의 위험이 있는 학생은 주변에 늘 학생의 위치나 행동을 관찰할 수 있는 지지체계로서의 자원이 있도록 조치를 취하여 유사시 생길 수 있는 자살충동에 대비하는 것이 매우 중요하다.

강박장애

강박장애는 개인의 의지와 상관없이 어떤 생각이나 충동이 자꾸 의식에 떠올라 그것에 집착하며 그와 관련된 행동을 반복하게 되는 다양한 부적응 문제를 가져올 수 있다. 다음은 강박장애의 주된 증상이다.

- 강박사고: 반복적으로 의식에 침투하는 고통스러운 생각이나 충동 또는 심상(예: 테이블에 세균이 많은 것 같다, 집에서 나올 때 문을 잠그지 않은 것 같다, 아침에 불길한 징조를 보면 그날 무슨 일이 생길 것 같다 등)
- 강박행동: 불안을 감소시키기 위해서 반복적으로 나타나는 행동(예: 물건을 일렬로 세워야 안심이 된다, 문을 열 때는 손잡이를 꼭 3번 돌려서 열어야 한다, 시험 날에는 꼭 붉은 티셔츠를 입어야 한다 등)

이러한 증상은 누구나 가볍게 가지고 있을 수 있으며, 강박적인 행동을 통해 자신이 가진 불안을 해소하게 되기도 하고 다시 한 번 안전을 점검하는 안전체계가 되기도 한다. 하지만 이러한 증상이 학생의 생활에서 너무 많은 시간을 할애하여 지속된다면 삶의 질이 낮아질 뿐만 아니라 학교에서 요구되는 많은 수행과제를 수행하는 데 어려움이 생길 수 있다.

💡**Tip** 강박장애의 진단과 치료

• **강박장애의 진단(DSM-5 기준)**
 - 강박사고, 강박행동 또는 둘 다의 존재
 - 강박사고나 강박행동이 많은 시간(하루에 1시간 이상)을 소모하게 하거나 현저한 고통을 유발하거나 사회적 · 직업적 기능 또는 다른 중요한 영역의 기능에 심각한 손상을 초래한다.
 - 강박증상은 물질(예: 남용하는 물질, 약물)이나 일반적인 의학적 상태의 생리적 효과로 인한 것이 아니다.
 - 이 장해는 다른 정신장애의 증상에 의해 설명되지 않아야 한다.

• **강박장애의 치료**
 - 심리적 치료 방법으로는 노출 및 반응방지법, 인지치료 등이 있고 약물치료가 적용 가능하다.

다음은 대학생활에서 발견될 수 있는 강박증상과 그에 따른 개입에 대한 안내이다.

■ **조별 토론에서 한 번씩 고집적으로 주장하며 논쟁하는 경우**

난폭하거나 공격적인 충동이나 비윤리적 심상으로 인하여 불편함을 느끼는 경우 자신은 그렇지 않음을 알리기 위하여 논쟁을 벌이기도 한다. 이러한 경우 현실에서 그러한 자신의 모습을 인식하는 데 어려움이 있고 타인에게 공격적이기 쉽다. 이러한 경우 학생의 잘잘못을 따지기보다 학생이 흥분하게 된 논쟁 주제를 잠시 유보하거나 중립적 결론으로 마무리한다.

■ **과도한 준비 시간으로 인하여 시험공부 시간이 부족한 경우**

마치 시험공부 전 의식을 치르듯이 반복되는 행동을 하게 되는 경우가 있다.

연필을 깎고, 머리를 정돈하고, 책상 위를 치우는 등 불필요한 행동을 반복하지 않으면 안정이 되지 않아 집중을 하지 못하는 경우이다. 이때 강압적으로 활동을 수행하지 못하도록 하는 것은 오히려 더욱 활동에 대한 욕구를 강화시키는 것이 될 수 있으므로 시간을 단축하여 수행할 수 있도록 대안을 제시한다(예: 깎을 연필의 수를 줄이거나, 머리를 감는 시간을 단축, 책상을 자주 치울 필요가 없도록 꼭 필요한 물건만 남겨 둔다 등).

■ 결벽행동으로 인해 활동이 제한되는 경우

MT나 학과 활동으로 인하여 공동 활동을 해야 하는 경우, 다른 사람과 함께 화장실을 쓰지 못하거나 물건을 만지지 못하여 활동이 제한되는 경우가 있다. 이때 학생이 두려워하는 상황(자신이 만지기 꺼려지는 물건을 옮기거나 만지게 되는 경우 등)에 강압적으로 노출을 시키게 되면 증상이 악화될 수 있다. 학생이 공동 활동에서 수행해야 하는 최소한의 정도를 확인하여 조금씩 노출될 수 있도록 배려가 필요하다.

강박장애는 다른 사람들과의 관계에서 어려움을 유발할 수 있는 인지적 왜곡과 활동 지연행동이 수반되므로 정도에 따라서는 전문기관과의 연계를 통하여 지속적인 개입이 필요할 수 있다. 강박장애는 가장 답답함을 느끼는 대상이 학생 본인이라는 것을 꼭 염두에 두고 "그렇게 생각하지 않아도 돼."와 같은 일반적인 조언은 삼가는 것이 좋다. 강박장애는 이미 습관화된 행동이 수반되는 것이므로 그러한 습관이 바뀌는 것은 쉬운 일이 아니다. 이를 위해 지속적으로 관심을 가지는 것이 필요하다.

외상 후 스트레스 장애

외상이란 외부로부터 주어진 충격적인 사건에 의해서 받은 심리적 상처를 말하는 것으로, 이로 인하여 받은 스트레스는 다양한 증상을 수반하고 생활에 영향을 줄 수 있다. 대학생들 역시 이와 같은 외상에 노출될 수 있으며, 그로 인하여 다양한 어려움을 호소할 수 있다. 다음은 대학생들에게서 나타날 수 있는 외상의 종류이다.

- 단 한 번의 충격적 사건으로 인해 입게 되는 일회적 외상
- 주기적으로 당한 학대의 경우처럼 반복적으로 주어진 충격에 의한 반복적 외상
- 자연재해나 사고와 같은 환경적인 요인에 의한 인간 외적인 외상
- 왕따, 성폭행, 학대 등 타인의 고의적 행동에 의한 대인관계적 외상
- 부모나 주된 양육자와 같이 정서적으로 매우 긴밀하고 의존도가 높은 관계로부터 받은 상처에 의한 애착외상

외상은 개인의 기질과 특성에 따라 동일한 경험을 했음에도 불구하고 그에 따른 외상의 정도와 증상이 다르게 나타날 수 있다. 예를 들어, 동일한 재해사고의 유가족 중에서도 밤마다 시름시름 앓으며 가족을 보낸 고통에 힘들어 몸져누운 채로 활동을 중단하는 학생이 있을 수 있고, 이러한 재해사고의 원인에 따른 보상을 위해 투쟁하며 활동의지를 불태우는 학생이 있을 수 있다. 겉으로 드러나는 증상과 활동수준은 다를 수 있으나 이들이 받은 고통이 없는 것은 아니므로 이에 대한 적절한 개입을 위하여 외상에 대한 이해가 필요하다.

Tip　외상 후 스트레스 장애의 진단과 치료

• 외상 후 스트레스 장애의 진단(DSM-5 기준)

A. 실제적인 것이든 위협을 당한 것이든 죽음, 심각한 상해 또는 성적인 폭력을 다음 중 한 가지 이상의 방식으로 경험한다.

① 외상 사건을 직접 경험하는 것

② 외상 사건이 다른 사람에게 일어나는 것을 직접 목격하는 것

③ 외상 사건이 가까운 가족이나 친구에게 일어났음을 알게 되는 것

④ 외상 사건의 혐오스러운 세부내용에 반복적으로 또는 극단적으로 노출되는 것(전자매체, TV, 영화, 사진을 통한 것이 아님)

B. 외상 사건과 관련된 침투 증상이 다음 중 한 가지 이상 나타난다.

① 외상 사건에 대한 고통스러운 기억의 반복적이고 침투적인 경험

② 외상 사건과 관련된 고통스러운 꿈의 반복적 경험

③ 외상 사건이 실제로 일어난 것처럼 느끼고 행동하는 해리반응(예: 플래시백)

④ 외상 사건과 유사하거나 그러한 사건을 상징하는 내적 또는 외적 단서에 노출될 때마다 강렬한 심리적 고통의 경험

⑤ 외상 사건을 상징하거나 그와 유사한 내적 또는 외적 단서에 대한 심각한 생리적 반응

C. 외상 사건과 관련된 자극 회피가 다음 중 한 가지 이상의 방식으로 지속적으로 나타난다. 이러한 변화는 외상 사건이 일어난 후에 시작된다.

① 외상 사건과 밀접히 관련된 고통스러운 기억, 생각, 감정을 회피하거나 회피하려는 노력

② 외상 사건과 밀접히 관련된 고통스러운 기억, 생각, 감정을 유발하는 외적인 단서들(사람, 장소, 대화, 활동, 대상, 상황)을 회피하거나 회피하려는 노력

D. 외상 사건에 대한 인지와 감정의 부정적 변화가 다음 중 두 가지 이상 나타난다. 이러한 변화는 외상 사건이 일어난 후에 시작되거나 악화될 수 있다.

① 외상 사건의 중요한 측면을 기억하지 못한다.

② 자신, 타인, 세상에 대한 과장된 부정적 신념이나 기대를 지속적으로 지

닌다.

③ 외상 사건의 원인이나 결과에 대한 왜곡된 인지를 지니며, 이러한 인지로 인해 자신이나 타인을 책망한다.

④ 부정적인 상태(예: 공포, 분노, 죄책감이나 수치심)를 지속적으로 나타낸다.

⑤ 중요한 활동에 대한 관심이나 참여가 현저하게 감소한다.

⑥ 다른 사람에 대해서 거리감이나 소외감을 느낀다.

⑦ 긍정 정서(예: 행복감, 만족, 사랑의 감정)를 지속적으로 느끼지 못한다.

E. 외상 사건과 관련하여 각성과 반응성의 현저한 변화가 다음 중 두 가지 이상 나타난다. 이러한 변화는 외상 사건이 일어난 후에 시작되거나 악화될 수 있다.

① (자극이 없는 상태이거나 사소한 자극에도) 짜증스러운 행동이나 분노 폭발

② 무모하거나 자기 파괴적인 행동

③ 과도한 경계

④ 과도한 놀람 반응

⑤ 집중의 곤란

⑥ 수면 장해

F. 위에 제시된(B, C, D, E의 기준을 모두 충족시키는) 장해가 1개월 이상 나타난다.

G. 이러한 장해로 인해서 심각한 고통이 유발되거나 사회적, 직업적 또는 중요한 기능에 현저한 손상이 나타난다.

H. 이러한 장해는 약물이나 신체적 질병에 의한 것이 아니어야 한다.

※ 외상 후 스트레스 장애의 임상적 발현은 개인에 따라 다양하다.

– 공포에 기반한 재경험, 감정과 행동 증상

– 다른 경우에는 무감동 또는 불쾌 기분 상태와 부정적인 인지

– 각성과 반응성–외현화 증상

– 해리증상

– 앞선 증상이 혼합되어 나타남

본 기준은 성인, 청소년 그리고 7세 이상의 아동에게 적용 가능하다.

- **외상 후 스트레스 장애의 치료**
  - 지속적인 노출 치료, 인지처리치료, 안구운동 둔감화 및 재처리 치료가 가장 효과적인 것으로 보고된다.

대학생들에게서 나타날 수 있는 외상 증상과 그에 따른 개입 방법은 다음과 같다.

■ 외상 사건을 재경험하게 만드는 침투 증상

교내 학생상담센터에서 많이 만날 수 있는 외상은 대학 입학 전 학창시절 왕따 경험에 따른 외상경험이다. 이는 대학장면에서 더욱 극대화되어 대인관계 불안이나 어려움을 호소하는 경우가 많다. 이때 학생이 안정감을 느낄 수 있도록 대인관계 불안에 대한 공감적 태도를 취하고, 왕따 경험에도 불구하고 대학생이 되어 학과 생활에 임하고 있는 강점에 대해 제시하며 학생이 가진 힘을 자각하도록 돕는 것이 필요하다.

■ 외상 사건과 관련된 기억이나 단서를 피하려는 회피 증상

과거에 경험한 가정폭력에 의한 외상을 경험한 학생이라면 교수와의 면담 시 가족과 관련된 과거기억에 대하여 함구하거나 기억을 하지 못할 수 있다. 이런 경우, 무리하게 기억을 요구하거나 학생의 가족과 연락을 취하여 사실 확인을 하는 등의 태도는 지양해야 한다. 시급하게 연락이 되어야 하는 경우가 아니라면 학생면담에 꼭 필요한 요인만 필요성을 제시하고 점진적으로 정보를 구한다.

■ 외상 사건에 대한 생각과 감정의 부정적 변화

과거 경험한 사건을 인지적으로 왜곡하여 학생 자신의 존재를 부정적으로 인식(예: 성폭력 사건을 경험한 자신은 더러운 존재이다)하여 무분별한 행동(무분별한 성관계)을 할 수 있다. 학생이 피해사실을 당한 피해자로서 인식되기보다 피해사실을 이겨 낸 극복자로서 인식될 수 있도록 긍정적인 시각과 강화가 필요하다.

■ 사소한 자극에 잘 놀라는 과민한 각성 반응

학과 행사(축제, 체육대회 등) 중 큰 소리나 고함 등에 잘 놀라고 그러한 상황에 놓여 있는 것에 대해 극심한 고통을 호소한다면, 그 자리에서 잠시 떠나서 휴식을 취할 수 있도록 하는 것이 도움이 될 수 있다. 무리하게 공동체 생활의 규칙을 적용하여 외상 상황을 재경험하게 할 경우, 증상에 따라 더욱 극심한 고통을 경험할 수 있으므로 세심한 관찰을 통한 개입이 필요하다.

외상 후 스트레스 장애는 다른 정신병리를 동반할 가능성이 높다. 따라서 조기에 개입하여 도움을 받을 수 있도록 돕는 것이 매우 중요하다. 학생이 가진 외상 사건과 관련된 환경에서 느낄 수 있는 고통에서 벗어나 학교생활을 영위할 수 있도록 도움이 필요하다.

Chapter **04**

위기상담
개입 절차 및 실제
-해결의 장(場)-

학생과 상담을 하다 보면, 자해나 자살, 성폭행, 다른 사람의 폭력 및 학대, 심각한 정신적 문제 등에 대해 알게 되는 경우가 있다. 학생과의 상담 시 알게 된 위기상황에 대해 교수는 어떻게 대처해야 할까? 학생이 자신의 위기상황에 대해 이야기한다는 것은 교수에게 도움을 청하는 것이다. 학생은 교수와의 관계에서 어느 정도 안정감을 느끼고 믿을 수 있다고 생각하기 때문에, 자신의 위기상황에 대해 솔직하게 이야기할 수 있는 것이다. 이때 교수는 학생에게 사실 여부를 확인하는 취조식의 질문을 하거나 섣불리 해결책을 제시하거나 조언을 하기보다는 학생의 어렵고 힘든 상황을 공감해 주어야 한다. "그동안 많이 힘들었겠군요." "얼마나 화가 날까요?" 등과 같이 학생의 마음을 알아주고 위로해 주는 것이 우선시되어야 한다.

학생의 아픈 마음을 충분히 위로해 준 다음, 위기상황을 파악하고 해결하기 위해 다음과 같은 절차를 거친다. 첫째, 위기상황에서 학생이 다루어야 할 문제가 무엇인가를 분명히 한다. 둘째, 위기상황에 대한 구체적인 탐색이 필요하다. 이렇게 위기상황을 자세히 규명하는 자체가 학생으로 하여금 위기가 어떻게 발생했는가를 파악하고 위기상황에 대처할 수 있는 정신적 준비를 갖추게 하는 데 도움을 줄 수 있다. 셋째, 학생에게 당면한 위기상황이 분명해지면 문제해결을 위한 목표를 설정하고 구체적인 계획을 수립해야 한다. 넷째, 교수가 학생과의 상담을 계속 진행할 수도 있으며, 전문가의 도움이 필요한 경우에는 전문기관과 연계를 할 수도 있다.

대부분의 위기상황에 처해 있는 학생들을 교수가 직접 상담한다는 것은 매우 힘든 일이다. 그렇다고 교수를 신뢰하여 상담을 요청한 학생을 무조건 전문기관에 의뢰하는 것도 바람직한 일은 아니다. 이러한 경우에는 여기서 소개하는 절차에 따라 학생상담을 진행해야겠지만, 교수가 감당하기 어렵다는 판단이 들

때는 주저하지 말고 우선적으로 대학 내 상담센터에 의뢰할 필요가 있다. 일부
학생들이 대학 상담센터의 이용을 꺼리는 경우에는 외부 전문기관을 소개해 줄
수 있지만, 이러한 경우라도 학교의 전문가와 상의할 필요가 있다.

위기상담 개입 절차

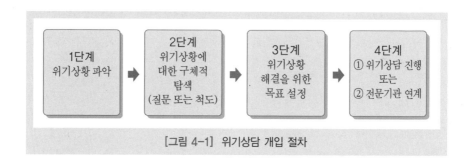

[그림 4-1] 위기상담 개입 절차

위기상황은 여러 가지 생활환경적인 조건에서 촉발되며, 이러한 외부적 조건
이나 내면적 변동에 대해 학생이 어떻게 반응하느냐에 따라 위기의 정도가 달라
질 수 있다. 교수는 학생에 따라 위기상황이 다르다는 것을 염두에 두고 위기를
겪는 학생의 관점에서 문제를 이해하고 나아갈 방향을 설정해야 한다. 상황에
따라 상담을 진행할 수도 있지만, 심각한 위기상황인 경우에는 전문기관(학교 상
담센터나 지역 인근 상담센터, 보호자 연계체계, 친구나 선후배, 경찰서, 병원, 중앙정
신보건사업지원단, 양성평등상담소 등)과 즉시 연계를 시도하는 것이 좋다. 기관과
의 연계 후에는, 학생이 학교생활에 잘 적응하는지 지속적인 관심이 필요하다.

그러면 먼저 학생과의 상담 시 경험할 수 있는 위기상황은 어떤 것들이 있는
지 살펴보고, 위기상담 개입 절차에 대해서 알아보자.

1단계: 위기상황 파악

학생과 상담을 하다 보면 여러 종류의 위기상황을 발견하게 된다. 이때 교수는 최대한 침착하고 안정된 태도를 유지하며, 위기상담 개입 절차에 따르도록 한다. 위기상황인 학생을 위해서도 필요하지만, 교수가 자신을 보호하기 위해서도 필요한 절차이다.

- 자기 스스로에게 해를 끼치는 경우: 자해나 자살에 대한 언급, 자기파괴적인 망상, 음주 운전, 약물중독 등
- 타인에게 해를 끼치는 경우: 타인에게 협박, 폭력 행사, 살인 암시 등
- 자기를 돌보지 못하는 경우: 의식주와 같은 기본적인 욕구 없음
- 심리적 외상을 경험한 경우: 심각한 상실 경험, 성폭력 피해 등
- 심각한 정신적 문제가 있는 경우: 현실검증 능력 상실

> **Tip 위기상황 학생의 특징**
>
> ✓ 위기상황 학생의 경우, 대부분 학교생활(수업참석, 과제, 대인관계 등)에서의 변화나 부적응을 보임
> ✓ 갑자기 긴장이나 불안 등의 감정 상태를 경험함
> ✓ 심리적 불편감, 고통 등을 느끼며, 행동혼란의 증거들이 나타남

2단계: 위기상황에 대한 구체적 탐색

교수는 위기에 처한 학생이 어떤 상태에 있는지를 자세히 파악해야 한다. 위기상황에 대한 분명한 이해 없이 돕는다는 것은 효과적인 방법이 될 수 없으며,

잘못할 경우 좋지 않은 상황이 발생할 수도 있다. 상담을 통해 학생의 위기상황을 제대로 이해해야만, 학생을 도울 수 있는 구체적인 방법을 찾을 수 있다.

위기상황의 구체적 탐색을 위해 반드시 확인해야 할 내용은 다음과 같다.

■ 위기상황을 파악하기 위해 확인할 내용

- 위기상황이 발생한 시점은 언제인가?
- 얼마나 오랫동안 위기로 인한 피해에 시달리고 있는가?
- 위기가 한 번으로 끝났는가 아니면 계속 반복되고 있는가?
- 위기가 학생의 일상생활에 어느 정도로 손상을 끼치고 있는가? (위기에 접어든 이후로 학생의 생활양식이 그전과 어떻게 달라졌는지 비교해 보아야 한다.)
- 현재 일상적인 학교생활(수업 참석, 과제, 대인관계 등)이 가능한가?
- 자신의 사고나 행동에 대해서 책임을 질 수 있는가?
- 학생의 위기상황이 주위 사람들의 삶에 영향을 주고 있는가? (가족, 친구들 등이 학생의 위기로 인해서 어느 정도 스트레스나 상처를 받고 있는가?)
- 현재 위기상황의 학생이 자살이나 타살의 위험성이 있는가? (위기가 극도에 달하면 쉽게 죽음을 생각할 수 있기 때문에 그 가능성에 대해 신중하게 대처해야 한다.)
- 위기상황의 학생 주위에 학생이 위기를 해결하는 데 도움을 받을 수 있는 자원이 있는가? (가족이나 친구 등의 인적 자원이나 물적 자원)
- 위기상황을 극복하고자 하는 의지는 있는가?

■ 위기상담 체크리스트

이와 같이 현재 위기상황에 대해 직접 구체적으로 물어볼 수도 있지만, 충분한 상담시간이 없을 경우나 상담이 어려울 경우에는 다음의 체크리스트를 활용하는 것도 하나의 방법이다.

　다음의 문항을 하나씩 물어보거나 학생이 직접 표시하게 함으로써 학생이 위기상황에 해당하는지 간단하게 알아볼 수 있다.

■ 위기 스크리닝 척도

　다음의 8개 문항은 대학생들이 경험할 수 있는 대표적 위기문제들이다. 〈표 4-1〉의 문항들에 대해 학생들에게 질문하거나 혹은 학생들로 하여금 직접 체크하도록 하면 된다. 해당하는 문항에 대해서는 각 항목별로 보다 구체적으로 질문하여 위기의 정도를 파악할 필요가 있다. 특히 자살위기에 놓여 있는 것으로 판단될 경우 부가적인 질문을 통해 문제의 심각성을 반드시 파악하여야 한다. 문제가 심각한 경우 전문기관으로 연계하여 각 문제에 대한 신속한 조치가 이루어질 수 있도록 지도하면 된다. 위급하지 않다고 생각되는 학생의 경우에도 전반적인 심리안정을 위해 상담을 권유하는 것이 좋다.

〈표 4-1〉 위기 스크리닝 척도

구분	문항	관련 항목
A	자살하고 싶다는 생각이 든다.	자살
B	고민 때문에 정신적으로 매우 힘들다.	정신건강
C	인터넷/게임 때문에 학업에 지장이 있다.	인터넷/게임 중독
D	약물이나 음주문제가 있다.	약물/알코올 중독
E	폭력에 대한 충동을 느낀다.	폭력
F	전에 경험했던 충격적 사건이 아직도 나를 괴롭힌다.	외상 후 스트레스 장애
G	가족관계에 심각한 문제가 있다.	가족관계
H	대인관계가 원활하지 못하다.	대인관계

A. 자살

1. 자살 계획을 구체적으로 세운 적이 있다. (Q: 언제, 어떤 방법?)

2. 자살시도를 해 본 적이 있다. (Q: 언제, 어떤 방법?)

3. 최근 2개월 이내에 자살 사이트에 접속한 적이 있다. (Q: 접속해서 얻은 정보?)

4. 최근 죽고 싶은 충동을 느낀다. (Q: 촉발 이유?)

5. 내가 죽어도 아무도 나에 대해 상관하지 않을 것이다. (Q: 그렇게 생각하는 이유?)

6. 너무 힘들어서 차라리 죽어 버렸으면 할 때가 있다. (Q: 힘든 원인?)

7. 세상을 살아가야 할 이유가 없다. (Q: 그렇게 생각하는 이유?)

8. 지하철이나 달리는 차에 뛰어들고 싶은 충동이 든다. (Q: 얼마나 자주?)

9. 가족이나 친척, 친구 중에 자살을 한 사람이 있다. (Q: 누구? 내게 미친 영향?)

※ 3개 이상 해당할 경우 자살 고위험군으로 파악

※ 자살과 관련한 각 항목에 그렇다고 체크된 경우 보다 심도 깊게 문제점을 파악하기 위해 괄호 안의 내용을 추가적으로 질문할 수 있음

B. 정신건강

1. 무기력하고 매사에 의욕이 없다.

2. 다른 사람들은 하지 않는 기이한 생각을 하거나 환청 등 기괴한 경험을 한다.

3. 고민 때문에 잠을 이루지 못하는 날이 많다.

4. 개인위생(씻고 단장하기)이나 학교출석 등 반복된 일상생활 수행에 심각한 문제가 있다.

5. 내가 통제하지 못하는 상황이 벌어질까 봐 매우 불안하다.

C. 인터넷/게임 중독

1. 항상 인터넷 게임에 대해 생각한다.

2. 인터넷 게임 때문에 학업 및 대인관계에 지장을 준다.

3. 무분별한 인터넷 사용으로 인해 가족이나 선생님들과 갈등을 일으키고 있다.

4. 인터넷 게임을 하느라 PC방에서 밤을 지새운 적이 있다.

5. 인터넷 게임 관련 아이템 등을 구입하느라 돈을 많이 지출하고 있다.

D. 약물/알코올 중독

1. 나는 술 없이는 살 수 없다.

2. 내가 술을 마시는 것 때문에 주위의 많은 사람들이 고통받고 있다.

3. 술을 마시면 자주 필름이 끊긴다.

4. 본드나 기타 환각제를 이용한 경험이 있다.

5. 심각한 중독 문제가 있다.

E. 폭력

1. 누구를 때리거나 해치고 싶은 충동이 든다.

2. 무엇을 때려 부수고 싶은 충동을 느낀다.

3. 일부러 내 몸에 상처를 낼 때가 있다.

F. 외상 후 스트레스 장애

1. 사고, 화재, 재해, 재난, 강도, 폭행 등 충격적 사건을 경험하고 나서 아직까지 괴로운 기억이 떠오른다.
2. 충격적인 사건으로 인해 아직까지 악몽을 꾸거나 그 사건과 관련된 장소나 물건을 피하게 된다.
3. 성적 학대를 받은 적이 있다.

G. 가족관계

1. 가족 구성원 간의 갈등과 폭력이 심각하다.
2. 가정에 내 힘으로 어쩔 수 없는 심각한 경제적인 문제(채무, 빈곤, 실직 등)가 있다.
3. 부모에게 정신건강(알코올, 약물, 정신질환 등) 문제가 있다.

H. 대인관계

1. 적절하지 않은 성적 관심을 갖고 있거나 부적절한 성관계를 맺고 있다.
2. 또래로부터 따돌림당하고 있다.
3. 깊이 있고 의미 있는 대인관계가 부재한다.

※ 출처: 연세대학교 리더십개발원 상담센터(2008). 면담 가이드북.

3단계: 위기상황 해결을 위한 목표 설정

교수는 학생이 처해 있는 위기상황을 정확히 파악한 후, 학생이 위기상황 해결을 위한 목표설정을 하도록 도와야 한다. 흔히 위기상황에 처해 있는 경우 왜곡된 사고와 복합적인 감정을 갖게 되므로, 위기상황뿐만 아니라 자기 자신에 대해서도 혼란을 느끼는 경우가 많다. 이때 교수는 학생에게 냉정을 찾도록 도와주고 위기상황을 분명하게 바라볼 수 있게 격려해 주어야 한다.

위기상황 해결을 위한 목표설정의 단계는 다음과 같다.

① 학생 스스로 생각해 온 문제에 대해 성취 가능한 목표를 세우게 한다.
② 위기상황을 분석하면서 해결 가능한 문제와 해결 불가능한 문제를 구분하도록 한다. 흔히 위기에 빠진 경우 해결 불가능한 문제를 가지고 시간을 낭비하는 경향이 있는데, 교수는 해결 불가능한 문제에서 해결 가능한 문제로 관심을 전환해 가도록 도와야 한다.
③ 자기 시간과 능력에 맞는 목표달성을 위한 행동계획을 세우게 한다.
④ 문제에 어떻게 대처할 것인지, 그리고 다른 해결 가능성들은 어떤 것들이 있는지 생각해 보게 한다.
⑤ 문제를 해결하는 데 자신의 재능이나 주위로부터 어떤 도움을 받을 수 있는가를 구체적으로 생각해 보게 한다. 위기상황인 경우 자기 자신에게만 온 정신이 집중되어 있기 때문에 자기 외적인 존재가 문제해결에 도움을 주리라는 사실을 깨닫지 못하는 경우가 많다. 교수는 이러한 사실을 깨닫게 함으로써, 학생의 위기 처리과정에 도움을 줄 수 있다.
⑥ 위기상황의 해결을 위해 아주 사소한 문제부터 점차적으로 풀어 가도록 한다.

4단계-①: 위기상담 진행

학생이 다른 전문기관과의 연계보다는 교수와의 상담을 계속 원하거나, 부득

이하게 교수가 상담을 몇 번 더 진행해야 하는 경우가 발생할 수 있다. 이럴 때 교수는 전문기관(학생상담센터)의 도움을 받아서 상담을 진행하는 것이 좋다.

■ 위기상담 방법

• 정서적 지원

위기상황의 학생은 고도의 긴장과 불안을 느끼며, 심한 경우는 공포, 무력감, 무가치감 등을 함께 경험하기도 한다. 이때 학생에게는 정서적 지지가 중요하다. 정서적 지원을 받은 학생은 불안과 긴장 완화는 물론 의존적 감정도 표현하게 되고 문제를 해결하기 위해 실제적 노력을 할 수 있다.

• 정서적 표현 기회 제공

위기상황의 학생은 불안, 갈등 등 여러 감정으로 괴로워한다. 따라서 교수는 학생에게 억눌렀던 감정을 표현할 수 있는 기회를 제공하는 것이 필요하다.

• 긍정적이고 희망적인 태도 전달

위기에 처한 학생은 부정적인 생각에 사로잡혀 있다. 학생의 절망감과 무력감을 교수의 희망적인 태도로 보충하는 것이 필요하다. 이때 전달방식이 피상적으로 되지 않도록 주의해야 한다.

• 사실적 정보의 제시

위기상황에서 사실에 대한 왜곡과 오해가 발생할 수 있다. 이러한 경우 사실적 정보를 제공하여 불안을 제거하는 것이 좋다. 정보를 제공할 때는 너무 긴 설명이나 강의식이 되지 않게 요점만 전달하는 것이 좋다.

■ 위기상황 해결 가능성 진단

위기상담을 계속 진행하면서 학생의 반응을 살피는 것이 필요하다. 하워드 클라인벨(Howard Clinebell)에 의하면 위기에 부정적으로 대처하는 사람과 긍정적으로 대처하는 사람의 반응은 서로 다르다고 한다. 보통의 경우, 위기 초기에는 부정적인 반응을 보이다가 상담이 진전됨에 따라 긍정적인 반응으로 전환된다. 상담이 지속되면서도 계속 부정적인 반응을 보일 경우는, 다시 한번 학생과 전문기관의 연계에 대한 이야기를 나누는 것이 좋다.

부정적인 반응

- 문제가 있음을 거부한다.
- 문제를 회피한다(술이나 마약 등).
- 도움을 구하거나 받아들이기를 거부한다.
- 부정적 감정을 표현하거나 참을 수가 없다.
- 위기의 본질과 해결을 위한 대안을 탐색하지 못한다.
- 위기를 유발하고 아물게 하는 책임을 다른 사람에게 투사한다.
- 친구나 가족 또는 자기를 도울 능력을 가진 사람들로부터 멀어진다.

긍정적인 반응

- 문제에 직면한다.
- 문제에 대한 이해를 강화한다.
- 원한이나 불안, 죄책감 같은 부정적 감정들을 작품으로 승화한다.
- 문제처리 책임을 받아들인다.
- 문제를 처리하기 위해 어떤 대안을 탐색한다.
- 상황에서 변화가 가능한 것과 불가능한 것을 분리하고, 불가능한 것을 변화시키려고 귀한 에너지를 소비하지 않는다.
- 자기의 기대 가운데 너무 웅대하고 부담이 되는 면이 있으면 포기한다.
- 친척이나 친구, 또 전문인 가운데서 자기를 도울 수 있는 사람들과 대화의 길을 열어 놓는다.
- 작은 문제일지라도 건설적으로 대처하기 위해서 단계를 밟는다.

4단계-②: 전문기관 연계

학생이 우울이나 불안 같은 심각한 심리적 어려움 혹은 자살위험, 성폭행, 다른 사람의 폭력 및 학대와 같은 문제를 겪고 있는 것을 상담을 통해 알게 되었을 경우, 전문기관으로 의뢰하는 것이 좋다. 위기상황에 직면한 학생은 자신에 대해 왜곡된 생각을 가지며, 감정적 에너지가 고갈되어 위기를 극복할 수 있는 힘이 없다. 따라서 교수가 학생의 현 상황을 제대로 파악한 후, 적절히 개입을 하여 학생이 적응적인 삶을 살 수 있게 도와야 한다.

전문기관으로 연결할 때는 학생이 직접 연락하도록 하기보다는 교수가 전문기관에 연락하여 학생과 상담자가 통화할 수 있게 중개한 후 약속을 잡도록 도와야 한다. 전문기관 목록과 연락처는 부록 7에서 확인할 수 있다.

사례별 위기상황 개입의 실제

앞서 위기상황 개입 절차에 대한 전체적인 흐름을 살펴보았다. 이제 '자살'과 '성'에 관련된 위기상황을 예로 들어, 어떻게 개입해야 하는지 자세히 알아보자.

위기상황 상담 시 반드시 명심할 점은, 모든 처리 절차는 기록으로 남기고 자료는 보관해야 한다는 것이다. 언제 어떠한 내용으로 상담을 했고 어떠한 조치를 취했는지 녹음하고 기록하여 문서로 남겨 둠으로써 교수 자신을 보호하기 위한 준비를 해야 한다.

자살 위기상황 시 개입 절차

자살 위기상담 사례

방학이 지나고 다시 만난 K양은 지난 학기와 많이 다른 모습이다. 지난 학기에는 수업도 열심히 듣고 지각 한 번 없이 성실한 학생이었는데, 이번 학기에는 결석과 지각이 잦고, 수업시간에 멍하니 창밖을 보거나 갑자기 흐느껴 우는 모습을 보이기도 했다. 급하게 K양과의 상담 일정을 잡고, 조심스럽게 안부를 물었다.

• 교수: 요즘 많이 힘들어 보이네요. 무슨 일이 있어요?
• 학생: (갑자기 눈물을 펑펑 쏟으며) 너무 힘들어요, 교수님. 휴학하고 싶어요. 남자친구인 D군이랑 헤어졌는데, 벌써 다른 애인이 생겼어요. 근데 그 애인이 저랑 절친한 동아리 친구인 S양이에요. 둘이서 저를 속인 거예요. 미칠 것 같아요. 학교 다니기 힘들어요. 동아리 사람들도 저를 보고 수군거리는 것 같고, 진짜 죽고 싶어요. 제가 죽으면 D군이랑 S양이 조금이라도 미안해할까요? 유서에 다 적을 거예요. D군, S양 때문에 내가 죽은 거라고…… 진짜 살고 싶지 않아요.

1단계: 위기상황 파악

대학생의 시기는 대인관계 어려움, 대학생활 부적응, 학업부진, 성적 저하, 등록금 부담, 실연, 따돌림, 진로설계, 취업난 등 여러 가지 이유로 인해 자살이 많은 시기이다. 대학생의 모든 자살행동을 막을 수는 없지만, 교수가 학생에게 조금만 관심을 기울인다면 그와 같은 상황을 미연에 방지할 수 있다.

대다수의 자살자들이 자살을 암시하는 단서를 남기기 때문에, 그들의 행동이나 말에 민감해져야 한다. 먼저, 평소 그들의 행동에 관심을 가지고 지켜봐야 한다. 자해나 자살 등 위기상황에 처한 학생들은 수업시간에 지나치게 초조해하고 안절부절못하거나 문제를 일으키는 범법행동을 하는 경우가 많다. 또 몸에 자해와 관련된 상처가 있으며, 자해의 흔적을 감추기 위해 여름에 소매가 긴 옷이나 손목 보호대를 하는 경우도 있다.

또한 그들이 하는 말에도 세심하게 신경 써야 한다. 자해나 자살 등의 징후가 보이는 학생과 상담 시 "차라리 태어나지 않았으면 좋았을 것 같아요." "제가 없어져 버리면 사람들이 마음 아파하겠죠?" "모든 것을 정리하고 싶어요." 등과 같이 자살을 암시하는 말이나 "죽고 싶어요." "자살할 거예요."와 같이 직접적인 말을 하는 경우가 있다. 따라서 평소 눈여겨보는 학생과의 상담 시에는 그들의 행동 하나하나, 말 한마디도 놓치지 말아야 한다.

2단계: 위기상황에 대한 구체적 탐색

■ 질문

학생은 당장 자살할 생각 없이 한 말이라도, 교수는 상황을 진지하게 받아들이고 자살과 관련된 학생의 생각과 실행의도를 확인해야 한다. 자살에 대한 질문을 할 때에는 차분하게 직접적으로 묻는 것이 좋다. 지금 자살을 생각하고 있는지, 어떠한 이유로 자살을 생각하는지, 자살을 위한 구체적인 계획을 세우고 있는지, 또 과거에 자살을 시도했다면 언제, 어디서, 어떻게 했는지 등 구체적으로 질문해야 한다. 이때 집중해서 듣고, 학생의 감정을 이해하고 공감해 주며 교수의 관심, 도움의지, 따뜻함을 학생에게 보여 주어야 한다.

💡Tip 이렇게 질문하세요

- 1단계: 학생의 자살위험요인을 알아낸다(위험요인을 아는 것은 자살충동이나 자살행동이 증가하는 것을 예방하는 데 도움이 된다).
- 2단계: 자살이 의심되는 학생이 있다면, 자살에 대해 직접적으로 질문한다.
- 3단계: 학생이 자살하겠다고 말한다면, 계획을 세웠는지 물어본다.
- 4단계: 학생이 계획이 있다고 한다면, 구체적인 방법을 생각해 두었는지 알아본다.
- 5단계: 구체적인 방법까지 생각해 두었다고 한다면, 그 방법을 실행에 옮길 도구들을 가지고 있는지 물어본다.
- 6단계: 자살계획, 방법, 도구에 대한 준비가 되어 있다고 한다면, 자살도구가 얼마나 치명적인 것인지 물어본다.

■ 척도

자살생각이나 행동에 대해 구체적으로 알아보기 위해 Reynolds(1987)의 자살생각 척도(Suicidal Ideation Questionnaire: SIQ)나 Beck(1979)의 자살생각 척도(Scale for Suicidal Ideation: SSI)를 사용해서 자살생각에 대해 살펴볼 수 있다. SIQ는 총 30문항으로 고등학생에게 많이 사용하는 척도이며, SSI는 총 19문항으로 대학생이나 성인에게 주로 사용하는 척도이다. 따라서 척도의 문항을 읽어 보고, 학생의 연령에 적절한 척도를 사용하여야 한다.

SIQ: Reynolds의 자살생각 척도

- 다음에는 사람들이 때때로 할 수 있는 생각들이 제시되어 있습니다. 다음의 문항들을 자세히 읽어 보시고, 지난달에 당신이 얼마나 자주 그런 생각을 했는지를 "거의 매일 생각했다."에서 "전혀 생각한 적이 없다."까지 해당되는 번호에 ∨표 해 주십시오.

0. 전혀 생각한 적이 없다.
1. 전에 그런 생각을 한 적이 있지만, 지난달에는 한 적이 없다.

2. 한 달에 1번

3. 한 달에 2~3번

4. 일주일에 1번

5. 일주일에 2~3번

6. 거의 매일 생각했다

- 각 문항을 0~6점으로 평정. 각 문항 점수를 합산하여 총점을 구함(20점 이상이면 자살 위험에 대해 좀 더 평가가 필요함)

점수	평가 내용
62~76점	연령집단에 비해 자살생각을 많이 하는 편임(평균 1달에 1번 이상)
77~90점	연령집단에 비해 자살생각을 상당히 많이 하는 편임(평균 1달에 2~3번)
91점 이상	연령집단에 비해 자살생각을 매우 많이 하는 편임(평균 1달에 3번)

문항	전혀 생각한 적이 없다				거의 매일 생각했다		
1. 내가 살아 있지 않는 편이 차라리 나을 것이라고 생각했다.	0	1	2	3	4	5	6
2. 자살을 할까 생각했다.	0	1	2	3	4	5	6
3. 어떻게 자살할 것인가에 대해 생각해 봤다.	0	1	2	3	4	5	6
4. 언제 자살할 것인가에 대해 생각해 봤다.	0	1	2	3	4	5	6
5. 사람이 죽어 가는 것에 대해 생각해 봤다.	0	1	2	3	4	5	6
6. 죽음에 대해서 생각했다.	0	1	2	3	4	5	6
7. 자살할 때 유서에 무엇이라고 쓸 것인가에 대해서 생각했다.	0	1	2	3	4	5	6
8. 내가 원하는 것을 유언장으로 만들어 둘 생각을 했다.	0	1	2	3	4	5	6
9. 사람들한테 내가 자살하려 한다는 것을 말할까 생각했다.	0	1	2	3	4	5	6
10. 내가 없으면 주위 사람들이 더 행복할 것이라고 생각했다.	0	1	2	3	4	5	6
11. 만일 내가 자살한다면 사람들이 어떻게 느낄까 생각했다.	0	1	2	3	4	5	6
12. 살아 있지 않기를 바랐다.	0	1	2	3	4	5	6
13. 모든 것을 끝장내 버리는 게 얼마나 쉬울까 생각했다.	0	1	2	3	4	5	6
14. 내가 죽어 버리면 모든 문제가 해결될 것이라고 생각했다.	0	1	2	3	4	5	6
15. 내가 죽는다면 다른 사람들이 더 편해질 것이라고 생각했다.	0	1	2	3	4	5	6
16. 자살할 수 있는 용기가 있었으면 좋겠다.	0	1	2	3	4	5	6

17. 나는 애초에 태어나지 않았으면 좋았겠다.	0	1	2	3	4	5	6
18. 기회가 있다면 자살할 것이라고 생각했다.	0	1	2	3	4	5	6
19. 사람들이 자살하는 방법에 대해 생각했다.	0	1	2	3	4	5	6
20. 자살생각을 했지만, 실제 행동으로 옮기지는 않을 것이다.	0	1	2	3	4	5	6
21. 큰 사고를 당하는 것에 대해 생각했다.	0	1	2	3	4	5	6
22. 인생은 살 가치가 없다고 생각했다.	0	1	2	3	4	5	6
23. 내 인생은 너무 형편없이 엉망이어서 더 이상 살아갈 이유가 없다고 생각했다.	0	1	2	3	4	5	6
24. 내 존재를 알리는 유일한 방법이 자살하는 것이라고 생각했다.	0	1	2	3	4	5	6
25. 내가 자살하고 나면 사람들은 내게 무관심했던 것을 후회하게 될 것이라고 생각했다.	0	1	2	3	4	5	6
26. 내가 죽거나 살거나 아무도 관심을 가지지 않을 것이라고 생각했다.	0	1	2	3	4	5	6
27. 정말로 자살할 의도는 아니지만 자해하는 것을 생각했다.	0	1	2	3	4	5	6
28. 내가 자살할 수 있는 용기가 있을까를 생각했다.	0	1	2	3	4	5	6
29. 상황이 더 좋아지지 않으면 자살하겠다고 생각했다.	0	1	2	3	4	5	6
30. 자살할 권리가 있었으면 좋겠다.	0	1	2	3	4	5	6

※ 출처: Reynolds, W. M. (1987). *Suicidal Ideation Questionnaire: Professional Manual.*

SSI: Beck의 자살생각 척도

• 이 질문지는 여러분이 일상생활에서 경험할 수 있는 내용들로 구성되어 있습니다. 다음의 문항들을 자세히 읽어 보시고 당신이 일상생활에서 느끼고 있는 바를 가장 잘 나타내 주는 문항의 해당 번호를 기입해 주십시오.

점수	평가 내용
14~17점	연령집단에 비해 자살생각을 많이 하는 편임
18~21점	연령집단에 비해 자살생각을 상당히 많이 하는 편임
22점 이상	연령집단에 비해 자살생각을 매우 많이 하는 편임

문항	번호
1. 살고 싶은 소망은? 　⓪ 보통 혹은 많이 있다. 　① 약간 있다. 　② 전혀 없다.	
2. 죽고 싶은 소망은? 　⓪ 전혀 없다. 　① 약간 있다. 　② 보통 혹은 많이 있다.	
3. 살고 싶은 이유/죽고 싶은 이유는? 　⓪ 사는 것이 죽는 것보다 낫기 때문에 　① 사는 것이나 죽는 것이나 마찬가지다. 　② 죽는 것이 사는 것보다 낫기 때문에	
4. 실제로 자살시도를 하려는 욕구가 있는가? 　⓪ 전혀 없다. 　① 약간 있다. 　② 보통 혹은 많이 있다.	
5. 별로 적극적이지 않고 수동적인 자살 욕구가 생길 때는? 　⓪ 생명을 건지기 위해 필요한 조치를 미리 할 것이다. 　① 삶과 죽음을 운명에 맡기겠다. 　② 살기 위한 노력을 하지 않겠다.	
6. 자살하고 싶은 생각이나 소망이 얼마나 오랫동안 지속되는가? 　⓪ 잠깐 그런 생각이 들다가 곧 사라진다. 　① 한동안 그런 생각이 계속된다. 　② 계속, 거의 항상 그런 생각이 지속된다.	
7. 얼마나 자주 자살하고 싶은 생각이 드는가? 　⓪ 거의 그런 생각이 들지 않는다. 　① 가끔 그런 생각이 든다. 　② 그런 생각이 계속 지속된다.	
8. 자살 생각이나 소망에 대한 당신의 태도는? 　⓪ 절대로 받아들이지 않는다. 　① 양가적이나 크게 개의치 않는다. 　② 그런 생각을 받아들인다.	

9. 자살하고 싶은 충동을 통제할 수 있는가?

　⓪ 충분히 통제할 수 있다.

　① 통제할 수 있을지 확신할 수 없다.

　② 전혀 통제할 수 없을 것 같다.

10. 실제로 자살시도를 하는 것에 대한 방해물이 있다면?

　(예: 가족, 종교, 다시 살 수 없다는 생각 등)

　⓪ 방해물 때문에 자살시도를 하지 않을 것이다.

　① 방해물 때문에 조금은 마음이 쓰인다.

　② 방해물에 개의치 않는다.

11. 자살에 대해 깊게 생각해 본 이유는?

　⓪ 자살에 대해 생각해 본 적이 없다.

　① 주변 사람들의 관심을 끌고 보복하거나, 현실 도피의 방법으로

　② 현실 도피적인 문제해결 방법으로

12. 자살에 대해 깊게 생각했을 때 구체적인 방법까지 계획했는가?

　⓪ 자살에 대해 생각해 본 적이 없다.

　① 자살생각을 했으나 구체적인 방법까지는 생각하지 않았다.

　② 구체적인 방법을 자세하고 치밀하게 생각해 놓았다.

13. 자살 방법을 깊게 생각했다면 그것이 얼마나 실현 가능하며, 또한 시도
할 기회가 있다고 생각하는가?

　⓪ 방법도 실현 가능하지 않고, 기회도 없을 것이다.

　① 시간과 노력이 필요한 방법이며, 기회가 쉽게 오지 않을 것이다.

　② 생각한 방법이 실현 가능하며, 기회도 있을 것이다.

14. 실제로 자살을 할 수 있는 능력이 있다고 생각하는가?

　⓪ 용기가 없고 너무 약하고 두렵고 능력이 없어서 자살할 수 없다.

　① 자살할 용기와 능력이 있는지 확신할 수 없다.

　② 자살할 용기와 자신이 있다.

15. 정말로 자살시도를 할 것이라고 확신하는가?

　⓪ 전혀 그렇지 않다.

　① 잘 모르겠다.

　② 그렇다.

16. 자살에 대한 생각을 실행하기 위해 실제로 준비한 것이 있는가?
  ⓪ 없다.
  ① 부분적으로 했다(예: 약을 사 모으기 시작함).
  ② 완전하게 준비했다(예: 약을 사 모았다).	

17. 자살하려는 글(유서)을 쓴 적이 있는가?
  ⓪ 없다.
  ① 쓰기 시작했으나 다 쓰지 못했다. 단지 쓰려고 생각했다.
  ② 다 써 놓았다.	

18. 죽음을 예상하고 마지막으로 한 일은?(예: 보험, 유언 등)
  ⓪ 없다.
  ① 생각만 해 보았거나, 약간의 정리를 했다.
  ② 확실한 계획을 세웠거나 다 정리를 해 놓았다.	

19. 자살에 대한 생각을 다른 사람들에게 이야기한 적이 있는가, 혹은 속이거나 숨겼는가?
  ⓪ 다른 사람에게 터놓고 이야기하였다.
  ① 드러내는 것을 주저하다가 숨겼다.
  ② 그런 생각을 속이고, 숨겼다.	

※ 출처: Beck, A. T., Kovac, M., & Weissman, A. (1979). *Assessment of Suicidal Intention: The Scale for suicide ideation.*

이러한 활동을 토대로 교수는 학생의 자살 위험성이 어느 정도인지 파악할 수 있으며, 학생 또한 자살에 대해 한 번 더 생각해 보는 계기가 될 수 있다.

앞의 질문과 척도 내용을 종합한 후, 자살 위험 수준 평가표를 작성하여 앞으로 대처방안에 대해 고민할 수 있다.

Tip 자살 위험 수준 평가표

구분	낮은 위험	중간 위험	높은 위험
자살계획	모호함	약간 구체적임	구체적 계획 (시기, 장소, 방법 등)
수단의 이용 가능성	이용할 수 없음	찾으면 이용할 수 있음	즉각적으로 이용할 수 있음
시간	시간 계획 없음	원하는 시간이 정해짐	즉시
방법의 치명도	자해, 알코올	약물, 사고, 연탄가스	투신, 목매닮
주위 자원 개입 여부	다른 사람들이 대부분의 시간에 함께 있음	다른 사람들이 가까이 있음	주위에 아무도 없음
유서	준비된 유서 없음	유서를 썼지만 결말을 내지 못함	작성한 유서 있음
• 자살 위험 수준 정도에 ✓ 체크해 주시기 바랍니다.			
자살 위험 수준	☐	☐	☐

3단계: 위기상황 해결을 위한 목표 설정

자살과 같이 심각한 위기상황의 경우는 전문기관(학생상담센터나 자살예방센터 등)의 도움을 받아서 처리하는 것이 좋다. 임시방편으로 '자살예방서약서(생명사랑서약서)'를 작성하게 하여, 자살하지 않는 것에 목표를 설정하도록 한다. 그리고 그들이 살아야 할 이유에 대해 물어보고, 거기에 따른 목표를 설정하는 것도 한 가지 방법이다. 살아야 할 이유들을 학생에게 묻는 것은 자살하고자 하는 충동을 누그러뜨리는 데 도움을 줄 수 있다(소중한 가족들이 있어요, 남자친구가 많이 슬퍼할 텐데……, 이번 방학에 여행 계획을 세웠는데……, 우리 집 고양이를 돌볼 사람이 없어요 등).

생명사랑서약서

나 _____ 은(는)

나의 삶을 건강하고 아름답게 만들기 위해

아래와 같이 생명사랑 서약을 합니다.

하나, 나는 나의 생명을 존중하고 사랑하며 어떠한 경우에도 자살로 생을 마감하지 않을 것입니다.

둘, 나는 어떤 힘든 상황에 처해 있을 때 삶을 포기하지 않고 주위 사람들에게 알려 적극적으로 도움을 받겠습니다.

셋, 나는 내 몸과 마음의 건강을 위해 충분한 수면과 휴식을 취하도록 노력하겠습니다.

넷, 나는 삶의 위기를 인생의 한 부분으로 받아들이며 어떠한 위기의 순간에도 내 생명을 지킬 것입니다.

20   년   월   일

서약자 _____(인)

증 인 _____(인)

※ 출처: 한국자살예방협회 홈페이지(http://www.suicideprevention.or.kr).

4단계: 전문기관 연계

자살 위험성의 경중에 따라 대처방법이 달라질 수 있다. 첫째, 지금 당장 자살 행동을 할 것같이 자살 위험 수준이 높은 경우에는 즉시 가족에게 연락하고 정신과 병원과 연결시켜 주어야 한다. 이때 절대로 학생을 혼자 두지 말고 주위에 함께할 수 있는 인적 자원을 최대한 활용해야 한다. 둘째, 지금 당장 자살행동은 하지 않더라도 자살 의도가 있는 경우라면 가족에게 알리는 것이 필요하다. 만약 학생이 가족에게 알리는 것을 동의하지 않더라도, 이런 경우에는 가족에게 알리는 것이 원칙이다. 가족에게도 학생의 자살 위험성에 대해 구체적으로 알리고, 도움을 받을 수 있는 여러 전문기관을 알려 준다. 셋째, 자살 위험 수준이 낮은 경우에는, 학생이 학교의 학생상담센터에서 지속적으로 상담을 받을 수 있게 조치를 취하도록 한다. 이때 학생에게 센터를 방문하도록 알려 주기보다는 교수가 직접 센터에 연락하여 학생과 연결시켜 주도록 한다.

Tip 자살 위험성에 따른 개입 방법

낮은 위험	중간 위험	높은 위험	응급
• 자살충동 시 위기상담 전화에 대해 숙지 (1577-0199)	• 1577-0199 24시간 전화상담 가능 • 보호자 고지 • 정신건강의학과 입원 • 정신건강증진센터 서비스 제공	• 자살도구 제거 • 보호자 고지 • 정신건강의학과 입원 • 정신건강증진센터 서비스 제공	• 112, 119 연락 • 보호자 고지 • 정신건강의학과 입원 • 정신건강증진센터 서비스 제공

☑ 자살 및 정신건강위기 상담(1577-0199)
- 24시간 전화상담, 위기상황 시 응급개입을 통해 직접적인 도움 제공

☑ 지역별 자살예방센터[부록 7]
- 자살시도자 및 정신과적 위기개입, 자살고위험군 집중 사례관리, 자살유가족 전문상담, 심리적 부검 등
- 정신건강 증진 및 자살 예방을 위한 상담 및 프로그램 제공

학생을 전문기관에 의뢰했다고 해서 그것이 끝은 아니다. 학생이나 가족에게 일의 진행상황을 계속 확인해야 한다. 전문기관에 도움을 받아 상담을 받거나 약물처방을 받고 있는지, 또는 입원을 하게 되었는지 등 정확한 정보를 알고 있어야 한다. 전체적인 상황에 대해 알고 있어야만, 학생이 위기상황에서 벗어나 학교로 돌아왔을 때를 대비할 수 있다. 자살은 반복 시도성이 강하므로 지속적인 관심과 신뢰를 보이며 지켜봐 주어야 한다. 작은 관심과 실천이 우리 학생들의 소중한 생명을 구할 수 있다.

성희롱 및 성폭력 위기상황 시 개입 절차

성희롱 위기상담 사례

갑자기 상담을 함께 신청한 L양과 P양. L양은 고개를 푹 숙이고 있고, P양이 한참을 머뭇거리다 이야기를 시작했다.

- 학생: 교수님. 친구인 L양이 며칠 전에 O군에게 성추행을 당했어요. 그냥 넘어가면 안 될 것 같아서 상담을 신청했어요. 친구가 너무 놀라 말을 못하겠대요. 그래서 제가 말씀드리려구요.

- 교수: 괜찮아요? L양, P양 모두 많이 놀랐겠네요. 마음을 좀 안정시키고, 그날 상황을 자세히 이야기해 볼래요?

- 학생: 네. 며칠 전에 L양이랑 저랑 밤새 조별 작업을 하다가 피곤해서 과방에서 잠시 잠이 들었어요. 잠을 자다가 무슨 소리가 나서 깼는데, 같은 조 O군이 황급히 과방을 나가고, 옆에서 L양이 울고 있었어요. 우리가 자고 있는 과방에 O군이 들어와서 자고 있는 L양의 가슴을 만졌고, 놀란 L양이 잠에서 깨서 소리를 지른 거예요. L양은 너무 놀라서 그 뒤로 아무것도 못하고 있어요. O군이랑 같이 계속 전공 수업도 듣고 과제도 해야 하는데 걱정이에요. O군에 대한 조치를 취해 주세요.

1단계: 위기상황 파악

성희롱이나 성폭력 관련 상담은 피해학생이 직접 상담을 요청하는 경우도 있지만, 본인이 피해학생인 것을 드러내고 싶어 하지 않거나 이야기하는 것이 부담스러워 상담 자체를 하지 않으려는 경우도 많다. 따라서 다음과 같은 이상행동을 보이는 학생을 발견하는 즉시 교수가 직접 학생에게 상담을 권유해야 한다. 이상행동이 오래될 경우 우울, 불안이나 자살시도와 같은 다른 문제의 원인이 될 수 있으므로 조기 발견하여 상담으로 연결시켜야 한다.

- 신체적 증상 및 질병으로 인한 고통을 호소하는 경우
- 폭식 등 식습관에 급격한 변화를 보이는 경우
- 손을 자주 씻는 등 청결에 대한 강박적 행동을 하는 경우
- 잦은 결석, 지각, 주의집중 저하 등 학교 부적응 행동을 보이는 경우
- 대인관계의 어려움을 보이는 경우
- 성적 집착, 조숙한 성지식, 성적인 공상, 자위행위 등 성적으로 이상행동을 보이는 경우
- 특정 인물, 장소, 물건에 대한 거부반응을 보이는 경우

성희롱이나 성폭력과 관련한 이상행동을 포착했다면, 교수는 피해학생의 심리적·신체적 안정을 취할 수 있게 최대한 배려해야 한다. 성 관련 사건의 피해학생은 가벼운 불쾌감에서부터 심각한 정서적 부작용을 경험한다. 상처와 불안감, 공포감 등을 진정시키고, 자책감이나 수치심으로 괴로워하지 않게 도와야 한다. "왜 싫다고 말 안 했나요?" "왜 끝까지 거부하지 않았나요?" "왜 거기에 갔나요?" "왜 그 시간까지 남아 있었나요?" 등의 '왜'로 시작하는 질문은 학생을 비난하거나 책임을 묻는 뜻으로 전달될 수 있으므로 삼가야 한다. 피해학생

의 상황을 충분히 경청하고 공감하며, 피해학생에게 지원과 도움이 필요한 경우 언제든지 도움을 줄 수 있다는 메시지를 전달해야 한다.

2단계: 위기상황에 대한 구체적 탐색

성과 관련한 위기상담의 2단계는, 피해학생이 자신이 겪은 상황을 자신의 입장에서 말하고 정리한 다음 이 사건이 자신에게 미칠 영향을 가늠해 보고 개인적 대응 또는 공식적 대응을 선택하게 하는 것이다. 개인적 대응이란 행위자에게 명확한 거부 의사를 표현하고 사과하도록 요구하는 것이며, 공식적 대응이란 신고 접수 및 교칙에 의거하여 사건 처리 절차를 진행하는 것을 의미한다. 즉, 개인적 대응을 위하여 교수가 상담을 지속할지, 아니면 공식적 대응을 위하여 대학 내 양성평등상담소(성평등상담소, 양성평등 성상담실, 양성평등센터 등)에 의뢰할 것인지에 대해 피해학생과 협의를 이루는 과정이 필요하다.

먼저 다음의 '성희롱 · 성폭력 사건 신고서(양성평등상담실에 피해 사실을 접수할 때 사용하는 신고서로 학교마다 양식의 차이 있음)'의 내용을 작성해 본 후, 피해학생 스스로 대응방식을 선택할 수 있게 한다.

학생이 성희롱 사건에 대해 신고를 원하지 않고, 교수에게만 이야기하고 싶어 할 수도 있다. 사건을 신고하지 않더라도 이것 또한 학생 스스로가 선택한 것이므로, 학생의 의견을 최대한 존중해야 한다. 대신 마음이 바뀌어 신고를 하게 될 경우를 대비해서 증거가 될 수 있는 자료(메일이나 문자, 또는 수신 통화 목록 등)는 모두 지우지 말고 보관할 수 있게 안내한다.

단, 사건 자체가 법에서 정한 범죄 행위로 「성폭력범죄의 처벌 등에 관한 특례법」에 해당하는 행위, 즉 강간, 강제추행, 몰래카메라 촬영 및 게시 등의 경우나 행위자가 교수나 직원이기 때문에 사건 처리에 여러 한계가 따르는 경우는 양성평등상담실에서 사건을 처리하도록 한다. 특히 19세 미만의 미성년자(19세에 도

성희롱 · 성폭력 사건 신고서

사건번호(접수번호):　　　　사건접수일:　　　　고충상담원:　　　　(서명)

당사자		신청인/신고인 □ 대리인 □ ※ 대리인이 신청하는 경우: 신 　고접수에 대해 당사자의 동의 　를 구하셨습니까? (　　) 피신청인/피신고인/행위자 □	인적사항 • 성명: • 성별: • 소속: • 연락처: • 이메일:
신고내용	유형 1	※ 6하원칙에 의해 문제가 되는 행위, 지속성의 여부, 목격자 혹은 증 인의 유무 등을 기록합니다. (부족 시 별지를 이용하여 상세 기술)	
	유형 2	피해 유형 * 중복 가능	언어적 괴롭힘 □, 신체적 접촉 □, 학업/업무상의 차별 □. 스토킹 □, 기타 □
		피해 발생 횟수 및 기간	• 발생 횟수: 일회성 □ / 반복성 □ • 최초 발생일: • 최근 발생일:
		피해 발생에 대해 신고인이 취한 반응 및 행동 * 중복 가능	• 아무런 행동도 취하지 않았음 □ • 말로 거부 의사를 나타내었음 □ • 행동으로 거부 의사를 나타내었음 □ • 제3자를 통해 문제를 제기함 □ • 변호사, 경찰의 도움을 구함 □ • 기타 □ (　　　　　)
		피해자의 행동에 대한 피신고자 의 행동 변화/반응	
요구사항 (피해자가 원하는 조치, 희망 조처 사항) * 중복 가능		• 성희롱의 중지 □ • 중재 □ / 공개사과 □ / 사과 및 중재 □ • 공간분리 □ • 개인적 수준의 대응 □ / 법적 대응 □ • 징계 등 인사조치 □ / 조사 및 징계 □ / 규정에 따른 처벌 □ • 교육을 통한 성희롱의 재발방지 조치 □	
관련 자료 첨부		대리인 위임장, 관련 증거 등(* 경위서로 대신함)	

신고인: ＿＿＿＿ (서명)

1. 피해사실: 피해자가 어떤 내용의 인권침해 또는 불이익을 당하였습니까?

① 때:

② 장소:

③ 피해자와 피신고인 간의 관계:

       이성친구 □   동료 □   교수 □

       교직원 □   기타 □ (구체적:)

④ 피해 내용(간단히 작성하시기 바랍니다)

⑤ 피해 발생 시 피해자가 취한 행동: 성희롱·성폭력 사안의 경우 아래 중 하나를 체크하세요.

    아무런 행동을 취하지 않았음 □

    말로 거부 의사를 나타내었음 □

    행동으로 거부 의사를 나타내었음 □

    말과 행동으로 거부 의사를 나타내었음 □

⑥ 피해자의 대응에 대한 피신고인의 반응:

⑦ 피해자가 원하는 조치

    규정에 따른 가해자 처벌 등 □

    법적 대응 □

    개인적 수준의 대응 □

    기타 □ (   )

2. 증인: 피해자가 당한 인권침해 또는 불이익을 보거나 잘 알고 있는 사람이 있으면 기재하시기 바랍니다.

3. 붙임 서류: 사실을 증명하는 데 도움이 되는 증거나 자료가 있으면 신고서 뒷면에 붙임하고 서류명을 기재하시기 바랍니다.

※ 위 개인정보 수집에 동의하십니까?   □ 동의합니다.   □ 동의하지 않습니다.

                신고인: _____ (서명 또는 날인)

※ 출처: 한국대학성평등상담소협의회(2015). 대학 성폭력 피해자 지원 및 사건처리 매뉴얼 개발 연구.

달하는 해의 1월 1일을 맞이한 미성년자는 제외함)의 성폭력 피해 사건은, 피해학생의 의사와 상관없이 즉시 수사기관에 신고해야 한다.

　피해학생이 준비되지 않은 상태에서 교수가 사건을 일방적으로 신고할 경우 학생은 큰 상처를 받을 수 있으므로, 학생을 설득하는 과정이 필요하다. 피해학생에게 신고의 의미와 필요성, 그리고 학내 양성평등상담소의 고충처리 절차에 대해 안내해 주고, 피해학생의 신원과 상담내용에 대해 비밀이 유지됨을 알려 준다.

3단계: 위기상황 해결을 위한 목표 설정

■ 피해학생과의 상담

　성 관련 위기상담은 상담에 대한 전반적인 기술뿐만 아니라 성희롱이나 성폭력에 대한 판단 능력까지 갖추고 있어야 하므로 전문가의 도움을 받아 상담을 진행하는 것이 좋다. 이때 가능한 한 학생의 신분을 노출시키지 않아야 하며, 공식적인 처리가 필요한 경우에는 반드시 학생의 동의를 얻도록 한다.

　'성희롱·성폭력 사건 신고서'의 내용을 토대로, 교수는 학생의 피해결과나 유형, 요구사항 등 전반적인 내용에 대해서 파악하고 있어야 한다. 특히 피해학생이 원하는 요구사항이 무엇인지를 알고 도움을 주도록 한다. 피해학생이 행위학생과 마주치기를 원하지 않는 것이 요구사항이라고 한다면, 피해학생이 말하는 범위가 무엇인지를 구체적으로 파악해야 한다. "이번 학기 수업을 같이 듣고 싶지 않아요." "과방이랑 중앙도서관 출입을 금지시켜 주세요." "제가 학교를 다니는 동안은 학교 어디에서도 마주치고 싶지 않아요." 등 구체적인 내용을 확인해야 한다.

■ 행위학생과의 상담

피해학생과의 상담 후, 행위학생과의 상담도 진행한다. 행위학생이 의도적으로 행동하지 않았는데 가해자로 지목받았다면 당황하거나 억울해할 수 있다. 교수는 이러한 점을 기억하고, 행위학생에게 상대방의 의도에 반하는 행동이나 신체접촉을 하지 않았는지, 별생각 없이 폭력적인 언어를 사용하지 않았는지, 상대방이 불쾌해하거나 고통을 받을 만한 행동을 하지 않았는지 등을 확인한다. 교수는 행위학생을 무조건 모욕하거나 비난하는 행위는 하지 말아야 하며, 공정하고 객관적인 태도를 유지해야 한다. 또한 행위학생에 대한 소문 유포 및 비난, 위협 등은 절대 삼가야 한다.

교수는 행위학생이 스스로 무엇을 잘못했는지 정확히 알고 피해학생에게 진심으로 사과할 수 있도록 해야 한다. 피해학생의 요구와 그에 따른 행위학생의 태도에 따라 사건이 적절하게 처리될 수 있다.

■ 피해학생, 행위학생과의 상담 시 주의할 점

피해학생이나 행위학생과 상담 시에는 동의를 얻어 녹음을 하거나 상담내용에 대해 사인을 받는 등의 확인 절차가 필요하다. 이러한 작업을 통해 사건의 내용을 명확히 하고 객관적인 진술을 확보할 수 있다. 또한 다른 문제가 발생할 경우 증거자료가 될 수 있다. 간혹 피해학생이 비협조적인 자세로 나오거나 자신이 말한 내용을 번복할 수도 있으므로, 교수는 발신자료 확보 및 상담 내용, 전화통화 내용 등을 녹음하는 것이 좋다.

4단계: 전문기관 연계

대학은 자체 규정과 절차에 따라 성 관련 문제를 무관용의 원칙을 적용하여 다룬다. 이러한 역할을 담당하는 곳이 각 대학의 양성평등상담소이다. 양성평등상담소에서는 신고를 받은 즉시 상담을 진행하고 사건을 처리한다. 피해학생의 의사를 최대한 존중하고, 그 신원과 상담내용에 대한 비밀을 최우선적으로 보장한다. 따라서 양성평등상담소에 사건을 접수한 뒤에는 사건 처리 과정에 대해 물어보거나 개입하는 행위를 지양해야 한다.

다음은 여성가족부에서 지정한 대학의 성희롱 사건 처리 절차이다. 처리 절차에 대한 전반적인 과정에 대해 알고, 도움이 필요한 과정에서는 적극적인 도

대학 성희롱 사건 처리 절차 흐름도

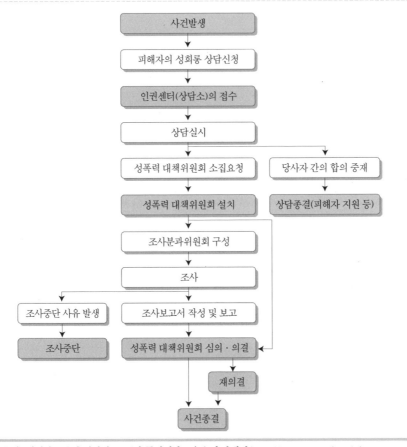

※ 출처: 여성가족부 홈페이지 2016년 폭력예방교육운영 안내서(http://www.mogef.go.kr).

움을 주어야 한다.

사건이 종료된 이후에 피해학생에게 또 다른 문제가 발생하지 않는지 살펴보도록 한다. 간혹 행위학생과 친밀한 관계를 유지했던 사람들이 피해학생에게 2차 피해를 주는 경우도 있다. 따라서 사건 종료 이후에도 수업시간 등을 통해 피해학생의 학업성취도나 수업참여도, 친구들과의 관계 등을 지켜보며 2차 피해가 발생하지 않도록 지속적인 관심을 가져야 한다.

Tip 성 관련 위기상황 도움 기관

☑ 국가인권위원회 http://www.humanrights.go.kr
☑ 여성가족부 https://mogef.go.kr
☑ 한국양성평등교육진흥원 http://www.kigepe.or.kr
☑ 한국성폭력상담소 http://www.sisters.or.kr
☑ 한국성폭력위기센터 http://www.rape119.or.kr
☑ 한국여성의전화 http://www.hotline.or.kr
☑ 한국여성민우회 http://www.womenlink.or.kr

부록

[부록 1] 우째 좀 난처하네요

우째 좀 난처하네요

미션	(사인)
1. 아무 사람이나 붙잡고 양말을 벗겨서 엄지발가락에 하트를 그려 주세요.	
2. 서로 마주 보고 눈싸움 게임을 한 후, 진 사람은 이긴 사람을 안마해 주세요.	
3. 누군가를 붙잡고 동물 소리 세 가지를 내어 보세요.	
4. 바지를 입고 있는 사람의 바지 한쪽을 무릎 위로 걸어 올리세요.	
5. 마주치는 사람과 가위바위보를 하고 진 사람은 이긴 사람에게 배꼽인사를 하세요.	
6. 다른 사람과 마주 보고 개다리 춤을 10초간 추세요.	
7. 앉았다가 일어서기를 10번 한 다음 다른 사람에게 확인을 받아 오세요.	
8. 상대방에게 자신의 직업진로계획을 간단히 이야기해 주세요.	
9. 상대방에게 자신의 외모 중 가장 자신 있는 부분과 자신 없는 부분에 대해 이야기해 주세요.	
10. '함께하게 된 인연에 감사합니다.'라고 인사하세요.	

[부록 2] 나를 소개합니다

나를 소개합니다

가족들은 나를?

내가 가장
행복했던 때는?

나를 나타내는
형용사 세 가지는?

내가 가장
듣고 싶은 말은?

나를 동물에
비유하면?

[부록 3] 멀고도 험한 행로

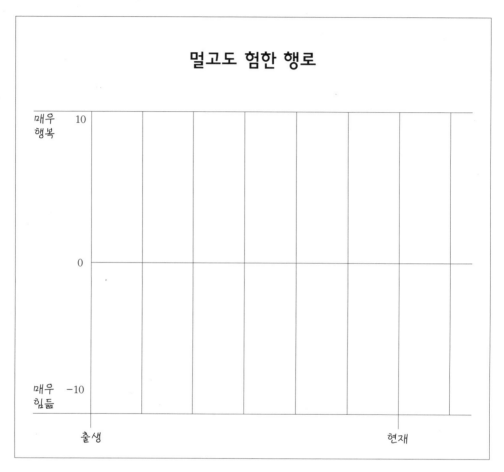

[부록 4] 친구야! 너의 장점은

친구야! 너의 장점은

[부록 5] 질문 추첨

질문 추첨

살면서 가장 억울했던 순간은?

이상적인 학교생활은?

살면서 가장 힘들었던 때는?

원하는 취업분야와 그 이유는?

가장 보고 싶은 친구와 그 이유는?

20년 후 나의 모습은?

[부록 6] 도전! 고민 해결

도전! 고민 해결

1. 내 고민은…

2. 내 생각에는 말이야…

[부록 7] 기관 목록 및 연락처

중앙정신보건사업지원단

- http://www.nmhc.or.kr
- 서울특별시 광진구 용마산로 127 국립정신건강센터 8층(8003호)
- 02-747-3070

중앙정신보건사업지원단은 정부가 정신건강에 대한 다양한 수요에 대응하기 위해 마련한 기관이다. 해당 기관 홈페이지를 방문하면 정신보건자원현황에 대해 자세히 알 수 있다. 정신건강증진센터 224개(광역정신건강증진센터 15개, 기초정신건강증진센터 209개), 사회복귀시설 333개, 중독관리통합지원센터 50개, 정신의료기관 1,449개, 정신요양시설 59개 등을 소개하고 있으며, 정신보건기관도 쉽게 찾을 수 있다.

자살 예방 관련 도움 기관

기관	연락처
[강원 춘천시] 강원도광역자살예방센터	• www.gwmh.or.kr • 강원도 춘천시 춘천로 306-5 • 033-251-1970
[경기 가평군] 가평군자살예방센터	• www.gpmhc.com • 경기도 가평군 가평읍 가화로 155-15(가평군정신건강증진센터 1층) • 031-581-8881
[경기 광명시] 광명시자살예방센터	• www.gspc.kr • 경기도 광명시 오리로 613 광명시 보건소 광명시립요양센터 1층 • 02-2618-8255
[경기 성남시 중원구] 성남시자살예방센터	• www.smhc.or.kr • 경기도 성남시 수정구 수정로 218(신흥동 3435번지) 수정구 보건소 5층 • 031-754-3220

[경기 수원시 장안구] 경기도자살예방센터	• www.mindsave.org • 경기도 수원시 장안구 수성로 245번길 69 경기도의료원 2층 • 031−212−0437
[경기 수원시 팔달구] 수원시자살예방센터	• www.csp.or.kr • 경기도 수원시 팔달구 동말로 47번길 17 해피마음터 3층 • 031−228−3279
[경기 시흥시] 시흥시자살예방센터	• www.shhealth.go.kr/sub.html?menuKey=197 • 경기도 시흥시 호현로 55 시흥시 보건소 • 031−316−6661
[경기 안산시 상록구] 안산시자살예방센터	• www.assp.or.kr • 경기도 안산시 상록구 차돌배기로 1길 5 상록수 보건소 3층 생명사랑센터 • 031−418−0123
[경기 양평군] 양평군정신건강증진센터	• www.ypmental.or.kr • 경기도 양평군 양평읍 마유산로 17 양평군 보건소 1층 • 031−770−3526
[경기 화성시] 화성시자살예방센터	• www.hsmind.or.kr • 경기도 화성시 향남읍 향남로 470 화성종합경기타운 실내체육관 내 1층 (향남본소) • 031−369−2892
[광주 동구] 광주광역정신건강증진센터	• www.gmhc.kr • 광주광역시 동구 제봉로 27 한일빌딩 5층 • 062−600−1930
[대구 남구] 대구광역자살예방센터	• www.dgmhc.or.kr • 대구광역시 남구 두류공원로 17길 33 대구카톨릭병원 라파엘관 5층 • 053−256−0199
[부산 남구] 부산광역자살예방센터	• suicide.busaninmaum.com • 부산광역시 남구 수영로 299 루미너스타워 12층 • 051−242−2575
[서울 강남구] 중앙자살예방센터	• www.spckorea.or.kr • 서울특별시 강남구 언주로 85길 24 9층 • 02−2203−0053
[서울 구로구] 서울시자살예방센터	• www.suicide.or.kr • 서울특별시 구로구 가마산로 272, 5층 • 02−3458−1000

[서울 성북구] 성북구자살예방센터	• www.salja.or.kr • 서울특별시 성북구 오패산로 21, 3층(하월곡동, 생명의 전화 종합사회복지관) • 02-916-9119
[인천 남구] 인천남구자살예방센터	• www.ingmhc.or.kr • 인천광역시 남구 독정이로 95 (숭의동 131-1) 남구청 스포츠센터 2층 • 032-421-4047
[전북 전주시 완산구] 전라북도광역정신건강증진 센터	• www.jbmhc.or.kr • 전라북도 전주시 완산구 홍산북로 57, 아이원빌딩 4, 5층 • 063-251-0650
[충남 천안시 서북구] 천안시자살예방센터	• www.cancaspi.or.kr • 충청남도 천안시 서북구 서부8길 29 구보건소 2층 • 041-571-0199
[충남 홍성군] 충청남도광역정신건강증진 센터	• www.chmhc.or.kr • 충청남도 홍성군 홍북면 충청남도대로 21 충남도청 별관동 3층 301호 • 041-633-9183

※ 출처: 중앙정신보건사업지원단 홈페이지(http://www.nmhc.or.kr).

※ 기관 정보 변경에 따라 연락처가 상이할 수 있음.

성 관련 도움 기관

[강원] 강릉동인병원 강원동부해바라기센터	• www.sunflower6447.or.kr • 강원도 강릉시 강릉대로 419번길 42 강릉동인병원 별관 • 033-652-9840
[강원] 강원대병원 강원서부해바라기센터	• www.gwsunflower.or.kr • 강원도 춘천시 백령로 156 강원대학교병원 어린이병원 지하2층 • 033-252-1375
[경기] 명지병원 경기북서부해바라기센터	• www.gnwsunflower.or.kr • 경기도 고양시 덕양구 화정로 65-1 우리프라자 5층 501호(통합지원센터) • 통합: 031-816-1375 / 응급: 031-816-1374
[경기] 아주대병원 경기남부해바라기센터(거점)	• www.ggsunflower.or.kr • 경기도 수원시 영통구 월드컵로 164 아주대학교병원 내 권역외상센터 옆 • 거점: 031-217-9117 / 통합: 031-215-1117 / 응급: 031-216-1117

[경기] 의정부의료원 경기북동부해바라기센터	• www.ggnonestop.or.kr • 경기도 의정부시 흥선로 142 의정부의료원 본관 3층 • 031-874-3117
[경기] 한도병원 경기서부해바라기센터	• www.ggwsunflower.or.kr • 경기도 안산시 단원구 선부광장1로 186 대아의료재단 한도병원 제2별관 2층 • 031-364-8117
[경남] 마산의료원 경남해바라기센터 (경남원스톱지원센터)	• www.gnonestop.or.kr • 경상남도 창원시 마산합포구 3.15대로 231 마산의료원 지하 1층 • 055-244-8117
[경북] 포항성모병원 경북동부해바라기센터	• www.gbsunflower.or.kr • 경상북도 포항시 남구 대잠동길 17 포항성모병원 루가관 지하 3층 • 054-278-1375
[경북] 안동의료원 경북북부해바라기센터	• www.gbonestop.or.kr • 경상북도 안동시 태사2길 55 안동의료원 지하 1층 • 054-843-1117
[광주] 조선대병원 광주해바라기센터 (광주원스톱지원센터)	• www.gjonestop.or.kr • 광주광역시 동구 필문대로 365 조선대학교병원 2층 • 062-225-3117
[대구] 대구의료원 대구해바라기센터	• www.tgonestop.or.kr • 대구광역시 서구 평리로 157 대구의료원 서관 2층 • 053-556-8117
[대전] 충남대병원 대전해바라기센터	• www.djsunflower.or.kr • 대전광역시 중구 문화로 282 충남대학교병원 본관 2층 • 042-280-8436
[부산] 부산대병원 부산해바라기센터	• www.busansunflowercenter.or.kr • 부산광역시 서구 구덕로 187 융합의학연구동 3층 • 051-244-1375
[부산] 부산의료원 부산동부해바라기센터	• www.bsonestop.or.kr • 부산광역시 연제구 월드컵대로 359 부산의료원 1층 • 051-501-9117
[서울] 경찰병원 서울동부해바라기센터 (서울원스톱지원센터)	• www.smonestop.or.kr • 서울특별시 송파구 송이로 123 경찰병원 1층 • 02-3400-1700

[서울] 보라매병원 서울남부해바라기센터	• www.smsonestop.or.kr • 서울특별시 동작구 보라매로5길 20 보라매병원 희망관 2층 • 02-870-1700
[서울] 서울대병원 서울해바라기센터	• www.help0365.or.kr • 서울특별시 종로구 대학로 101 서울대학교병원 함춘회관 지하 1층 • 02-3672-0365
[울산] 울산병원 울산해바라기센터	• www.ussunflower.or.kr • 울산광역시 남구 월평로 171번길 13 울산병원 8층 • 052-265-1375
[인천] 인천성모병원 인천북부해바라기센터	• www.icnonestop.or.kr • 인천광역시 부평구 동수로 56 가톨릭대학교 인천성모병원 • 032-280-5678
[인천] 인천의료원 인천동부해바라기센터	• www.iconestop.or.kr • 인천광역시 동구 방축로 217 인천의료원 • 032-582-1170
[전남] 목포중앙병원 전남서부해바라기센터	• www.jnsunflower.or.kr • 전라남도 목포시 영산로 623 목포중앙병원 별관 5층 • 061-285-1375
[전남] 성가롤로병원 전남동부해바라기센터	• www.jnonestop.or.kr • 전라남도 순천시 순광로 221 순천성가롤로병원 별관 • 061-727-0117
[전북] 전북대병원 전북해바라기센터	• www.jb-onestop.or.kr • 전북 전주시 덕진구 건지로 20 전북대학교병원 응급센터 지하 1층 • 063-278-0117
[제주] 한라병원 제주해바라기센터	• www.jjonestop.or.kr • 제주특별자치도 제주시 도령로 65 한라병원 2층 • 통합: 064-748-5117 / 응급: 064-749-5117
[충남] 단국대병원 충남해바라기센터	• www.cnonestop.or.kr • 충청남도 천안시 동남구 망향로 201 단국대학교병원 1층 • 041-567-7117
[충북] 청주의료원 충북해바라기센터	• www.cbonestop.or.kr • 충청북도 청주시 서원구 흥덕로 48 청주의료원 • 043-272-7117

※ 출처: 한국여성인권진흥원 홈페이지(http://www.womannchild.or.kr).

※ 기관 정보 변경에 따라 연락처가 상이할 수 있음.

중독 관련 도움 기관 1(음주, 흡연)

[강원 강릉시] 강릉시중독관리통합지원센터	• www.ydcenter.inodea.co.kr • 강원도 강릉시 경강로 2279 강맥빌딩 A동 2층 • 033-653-9668
[강원 원주시] 원주시중독관리통합지원센터	• www.alja.or.kr • 강원도 원주시 원일로 139 원주건강문화센터 지하 1층 • 033-748-5119
[강원 춘천시] 춘천시중독관리통합지원센터	• www.alcoholfree.or.kr • 강원도 춘천시 삭주로 84 수인빌딩 3층 • 033-255-3482
[경기 성남시 수정구] 성남시중독관리통합지원센터	• www.snac.or.kr • 경기도 성남시 수정구 수정로 218 수정구 보건소 5층 • 031-751-2768
[경기 수원시 팔달구] 수원시중독관리통합지원센터	• www.kosacc.or.kr • 경기도 수원시 팔달구 매산로 89 구중부소방서 2층 • 031-256-9478
[경기 안산시 단원구] 안산시중독관리통합지원센터	• www.ansanacc.or.kr • 경기도 안산시 단원구 화랑로 387 구단원보건소 2층 • 031-411-8445
[경기 안양시 만안구] 안양시중독관리통합지원센터	• 경기도 안양시 만안구 문예로 48 만안구 보건소 5층 • 031-464-0175
[경기 의정부시] 의정부시알코올상담센터	• www.kuacc.kr • 경기도 의정부시 홍선로 138번길 16 • 031-829-5001
[경기 파주시] 파주시중독관리통합지원센터	• www.pajuacc.com • 경기도 파주시 조리읍 봉천로 68 • 031-948-8004
[경기 화성시] 화성시중독관리통합지원센터	• www.hsalcohol.kr • 경기도 화성시 서봉로 998 정남행정복합센터 내 정남보건지소 1층 • 031-354-6614

[경남 김해시] 김해중독관리통합지원센터	• www.ghacc.co.kr • 경상남도 김해시 분성로 227 김해보건소 내 2층 211호 • 055-314-0317
[경남 진주시] 진주중독관리통합지원센터	• www.jinjuacc.org • 경상남도 진주시 월아산로 983 2층 • 055-758-7801
[경남 창원시 마산합포구] 마산중독관리통합지원센터	• www.masanacc.or.kr • 경상남도 창원시 마산합포구 합포로 2, 3층 • 055-247-6994
[경남 창원시 의창구] 창원중독관리통합지원센터	• www.cwacc.or.kr • 경상남도 창원시 의창구 신사로 34 제상가 15동 2층 • 055-261-5011 .
[경북 구미시] 구미중독관리통합지원센터	• www.gmaddiction.or.kr • 경상북도 구미시 검성로 115-1 구미종합사회복지관 별관 2층 • 054-474-9791
[경북 포항시 북구] 포항중독관리통합지원센터	• acc.ipohang.org • 경상북도 포항시 북구 삼흥로 98 포항시북구보건소 별관 2층 • 054-270-4147
[광주 광산구] 광주광산구중독관리센터	• www.gsgacc.or.kr • 광주광역시 광산구 상무대로 239-1 5층 • 062-714-1233
[광주 남구] 광주남구중독관리통합지원센터	• www.namguacc.or.kr • 광주광역시 남구 독립로 25-1 • 062-413-1195
[광주 동구] 광주동구중독관리통합지원센터	• 광주동구중독관리센터.kr • 광주광역시 동구 금남로 166(금남로 5가 대화빌딩 3층) • 062-222-5666
[광주 북구] 광주북구중독관리센터	• www.yohanacc.or.kr • 광주광역시 북구 중가로 26 4층 • 062-526-3370
[광주 서구] 광주서구중독관리통합지원센터	• www.dsracc.or.kr • 광주광역시 서구 회재로 897-1 • 062-654-3802

[대구 달서구] 대구서부중독관리통합지원센터	• www.119addiction.com • 대구광역시 달서구 학산로 50(달서구청 맞은편) • 053-638-8778
[대구 동구] 대구동부중독관리통합지원센터	• www.alcohol21.net • 대구광역시 동구 아양로 246-1 3층 • 053-957-8817
[대전 대덕구] 대전대덕구중독관리통합지원 센터	• www.ddgacc.or.kr • 대전광역시 대덕구 중리서로 42 3층 • 042-635-8275
[대전 동구] 대전동구중독관리통합지원센터	• www.lifeacc.or.kr • 대전광역시 동구 동대전로 333 3층 • 042-286-8275
[대전 서구] 대전서구중독관리통합지원센터	• www.djalcohol.or.kr • 대전광역시 서구 신갈마로 209번길 25 2층 • 042-527-9125
[부산 서구] 부산중독관리통합지원센터	• www.busanacc.org • 부산광역시 서구 구덕로 179 부산대학교병원 융합의학연구동 2층(구 KT 서부산지사) 우양빌딩 2층 • 051-246-7578
[부산 북구] 부산북구중독관리통합지원센터	• www.bukgu2011.or.kr • 부산광역시 북구 금곡대로 616번길 41 오성빌딩 5층 • 051-362-5482
[부산 사상구] 사상구중독관리통합지원센터	• www.sasangacc.com • 부산광역시 사상구 모라로 110번길 85 • 051-988-1191
[부산 해운대구] 해운대중독관리통합지원센터	• www.haeundaeacc.com • 부산광역시 해운대구 반송로 853 반송보건지소 1층 • 051-545-1172
[서울 강북구] 강북구중독관리통합지원센터	• www.gbalcohol.co.kr • 서울특별시 강북구 삼양로 335-1 2층 • 02-989-9224
[서울 구로구] 구로중독관리통합지원센터	• www.gracc.or.kr • 서울특별시 구로구 구로중앙로 214 창무빌딩 4층 • 02-2679-9353

[서울 노원구] 노원구중독관리통합지원센터	• www.nowon-addiction.or.kr • 서울특별시 노원구 노해로 437 노원구청 5층 • 02-2116-3677
[서울 도봉구] 도봉중독관리통합지원센터	• www.dbalcohol.or.kr • 서울특별시 도봉구 도봉로 523 하이준빌딩 4층 • 02-6082-6793
[울산 남구] 울산남구중독관리통합지원센터	• www.usaddiction.or.kr • 울산광역시 남구 화합로 135(달동 로하스빌딩 5층) • 052-275-1117
[울산 중구] 울산중구중독관리통합지원센터	• ujamcenter.blog.me • 울산광역시 중구 학성로 84-1 3층 • 052-245-9007
[인천 계양구] 계양구중독관리통합지원센터	• goacc.gyeyang.go.kr • 인천광역시 계양구 계양로 126 계양구의회청사 1층 • 032-555-8765
[인천 남동구] 인천남동구중독관리통합지원 센터	• nd-jungdok.or.kr • 인천광역시 남동구 구월로 320, 웰빙프라자 4층 • 032-468-6412
[인천 동구] 동구중독관리통합지원센터	• www.icdacc.or.kr • 인천광역시 동구 인중로 377 2층 • 032-764-1183
[인천 부평구] 부평구중독관리통합지원센터	• www.bpalcohol.or.kr • 인천광역시 부평구 마장로 410번길 5 청천동 주민센터 3층 • 032-507-3404
[인천 연수구] 연수구중독관리통합지원센터	• www.ickosacc.com • 인천광역시 연수구 앵고개로 183 남동부수도사업소 2층 • 032-236-9477
[전남 목포시] 목포시중독관리통합지원센터	• www.mokpocity.com • 전라남도 목포시 석현로 48 하당보건지소 3층 • 061-284-9694
[전남 여수시] 여수시중독관리통합지원센터	• 전라남도 여수시 시청서4길 47 여수시보건소 건강증진센터 2층 • 061-659-4296

[전북 군산시] 군산시중독관리통합지원센터	• www.gunsanacc.org • 전라북도 군산시 대야면 백마길 16 • 063-464-0061
[전북 전주시 완산구] 전주시중독관리통합지원센터	• www.jaddiction.org • 전라북도 전주시 백제대로 689 • 063-223-4567
[제주 서귀포시] 서귀포중독관리통합지원센터	• 제주특별자치도 서귀포시 중앙로 101번길 52 • 064-760-6077
[제주 제주시] 제주중독관리통합지원센터	• jejuaddiction.org • 제주특별자치도 제주시 서광로 175 아세아빌딩 5층 • 064-759-0911
[충남 아산시] 아산시보건소	• health.asan.go.kr • 충청남도 아산시 번영로 224번길 20번지 • 041-537-3332
[충남 천안시 서북구] 천안시중독관리통합지원센터	• www.cheonanac.or.kr • 충청남도 천안시 서북구 서부8길 29 구보건소 별관 1층 • 041-577-8097
[충북 청주시 흥덕구] 청주시중독관리통합지원센터	• www.cjacc.or.kr • 충청북도 청주시 상당구 대성로 172번길 21 흥덕보건소 별관 3층 • 043-272-0067

※ 출처: 중앙정신보건사업지원단 홈페이지(http://www.nmhc.or.kr).
※ 기관 정보 변경에 따라 연락처가 상이할 수 있음.

중독 관련 도움 기관 2(도박)

한국도박문제관리센터 (본부상담센터)	• www.kcgp.or.kr • 서울특별시 종로구 북촌로 18 • 02-740-2011
강원센터	• 강원도 강릉시 강릉대로 122 세방빌딩 2층 • 033-822-2011
강원센터 정선분소	• 강원도 정선군 고한읍 고한2길 3번지 • 033-813-2810

경기남부센터	• 경기도 수원시 팔달구 효원로 119 청궁빌딩 6층 • 031-243-8280
경기북부센터	• 경기도 고양시 일산서구 일산로 684 영화빌딩 4층 • 031-919-0814
경남센터	• 경상남도 창원시 성산구 비음로4번길 36 법우빌딩 4층 • 055-264-7082
광주센터	• 광주광역시 북구 경열로 255(북구 신안동 5-3, 삼양사 광주지점 4층) • 062-369-1369
대구센터	• 대구광역시 중구 달성로 37 계성빌딩 5층 • 053-256-1336
부산센터	• 부산광역시 동구 중앙대로 197(초량동) 뉴포트 빌딩 5층 • 051-441-2190
서울남부센터	• 서울특별시 영등포구 경인로 725 조양빌딩 5층 • 02-2006-9400
인천센터	• 인천광역시 남동구 예술로 206 중앙프라자 A동 901호 인천센터 • 032-438-6565

※ 출처: 한국도박문제관리센터 홈페이지(https://www.kcgp.or.kr)
※ 기관 정보 변경에 따라 연락처가 상이할 수 있음.

기타 도움 자문 기관

교육부	http://www.moe.go.kr
전국대학교 학생생활상담센터협의회	http://www.ccus.kr
한국 대학 성평등 상담소 협의회	http://www.equaluniv.net
한국상담심리학회	http://www.krcpa.or.kr
한국상담학회	http://www.counselors.or.kr

참고문헌

권석만(2013). 현대 이상심리학(2판). 서울: 학지사.

구본용, 박제일, 이은경, 문경숙(2011). 학생 상담 및 생활지도 매뉴얼(교사용). 한국청소년정책연구원 연구보고서.

김상균(2014). 반쪽 어른을 위한 대학생활 매뉴얼. 서울: 도서출판 두남.

연세대학교 리더십개발원 상담센터(2008). (효율적인 학생지도를 위한) 면담 가이드북. 서울: 연세대학교 리더십개발원 상담센터.

오영희, 송영란, 김종선(2002). 현대사회의 부모와 자녀관계. 서울: 동문사.

이지연(2001). 고등교육단계에서의 효율적인 진로지도 방안 연구: 4년제 일반대학을 중심으로. 기본연구, 01-11. 서울: 한국직업능력개발원.

이형국(2007). 학과 선택을 앞둔 대학생을 위한 진로집단상담 프로그램이 대학생의 진로발달과 대학생활 적응에 미치는 영향. 상담학 연구, 8(4), 1501-1520.

천성문, 차명정, 이형미, 류은영, 정은미(2015). 상담 입문자를 위한 상담기법 연습. 서울: 학지사.

한국대학성평등상담소협의회(2015). 대학 성폭력 피해자 지원 및 사건처리 매뉴얼 개발 연구.

APA (2015). 정신질환의 진단 및 통계 편람 제5판(권준수 외 공역). 서울: 학지사.

Beck. A. T., Kovac, M., & Weissman, A. (1979). Assessment of suicidal intention: The scale for suicide ideation. *Journal of Consulting and Clinical Psychology, 47*, 343-352.

Reynolds, W. M. (1987). Sucidal ideation questionnaire (SIQ). Odessa, FL: Psychological Assessment Resources.

여성가족부 https://shp.mogef.go.kr

중앙정신보건사업지원단 http://www.nmhc.or.kr

한국도박문제관리센터 http://www.kcgp.or.kr

한국여성인권진흥원 http://www.womannchild.or.kr

한국자살예방협회 http://www.suicideprevention.or.kr

한국정보화진흥원 스마트쉼센터 http://www.iapc.or.kr

저자 소개

구본용(Khu Bonyong)
한국청소년상담복지개발원 원장
(사)한국상담심리학회 학회장
한국아동 · 청소년상담학회 학회장
현 강남대학교 교육대학원 교수

〈대표 저서〉
『지역사회상담론』『청소년비행상담』『청소년성상담』외 다수

박제일(Park Jeil)
현 용인대학교 교육대학원 교수
　용인대학교 학생생활상담센터장
　전국대학교 학생생활상담센터협의회장
　(사)한국상담학회 대학상담학회 학회장

〈대표 저서〉
『LCSI의 이해와 활용』『최신 직업진로설계』외 다수

김세경(Kim Seikyung)
성균관대학교 교육연구소 박사후 연구원
성균관대학교 카운슬링센터 객원상담원
경성대학교 학생상담센터(레지던트) 수련과정 이수
현 경성대학교 교양학부 및 학생상담센터 교수

〈대표 저서〉
『상담입문자를 위한 상담기법 연습』외 다수

안세지(Ahn Seji)

부산광역시 금정구 청소년상담복지센터 상담원

SM 심리건강연구소 책임연구원

경성대학교 학생상담센터(레지던트) 수련과정 이수

현 경성대학교 학생상담센터 전임연구원

〈대표 저서〉

『상담사례연구』 외 다수

최정아(Choi Jeonga)

경성대학교 정신건강상담연구소 전임연구원

한국교육치료학회 학회지편집위원회 간사

SM 심리건강연구소 전임연구원

현 경성대학교 학생상담센터 전임연구원

〈대표 저서〉

『부모교육: 코칭전략과 실제』 외 다수

천성문(Cheon Seongmoon)

서울대학교 초빙객원교수

Stanford University 연구 및 방문 교수

현 부경대학교 평생교육상담학과 교수

　　(사)한국상담학회 학회장

〈대표 저서〉

『상담심리학의 이론과 실제』『학교집단상담의 실제』 외 다수

교수를 위한
대학생 상담의 실제
Practice of College Student Counseling for Professors

2017년 11월 10일 1판 1쇄 인쇄
2017년 11월 15일 1판 1쇄 발행

지은이 • 구본용 · 박제일 · 김세경 · 안세지 · 최정아 · 천성문
펴낸이 • 김진환
펴낸곳 • (주) **학지사**

04031 서울특별시 마포구 양화로 15길 20 마인드월드빌딩
대표전화 • 02-330-5114　　팩스 • 02-324-2345
등록번호 • 제313-2006-000265호

홈페이지 • http://www.hakjisa.co.kr
페이스북 • https://www.facebook.com/hakjisa

ISBN 978-89-997-1325-5　03180
정가 15,000원

이 도서의 국립중앙도서관 출판시도서목록(CIP)은 서지정보유통지원
시스템 홈페이지(http://seoji.nl.go.kr)와 국가자료공동목록시스템
(http://www.nl.go.kr/kolisnet)에서 이용하실 수 있습니다.
(CIP 제어번호: CIP2017018235)

교육문화출판미디어그룹 **학지사**

심리검사연구소 **인싸이트** www.inpsyt.co.kr
원격교육연수원 **카운피아** www.counpia.com
학술논문서비스 **뉴논문** www.newnonmun.com
간호보건의학출판 **정담미디어** www.jdmpub.com